軍事力が中国経済を殺す

講談社+α《プラスアルファ》新書

まえがき——中国の空母運用にかかる年数兆円

二〇一四年三月八日、衝撃的な出来事が新聞で報道された。中国の太陽光パネル大手の上海超日太陽能科技（上海市）が、予定していた七日に社債の利払いができなかった、という記事である。

ここで、中国での公募普通社債市場ではじめて、債務不履行（デフォルト）が発生した。このデフォルトは、中国経済の「終わりの始まり」を告げる出来事である。

住宅をはじめとする資産バブルと高度経済成長の終焉《しゅうえん》によって、不動産、あるいは銅や鉄鉱石など、さまざまな分野に投資（投機）された理財商品、そして社債などに、デフォルトの危機が発生している。が、政府や銀行などが弥縫《びほう》策をとって爆発をおさえてきた。

政府と銀行による損失の分担である——。

それができなくなってきたということでは画期をなすが、もちろんパニックは、なんとしても回避しなければならない。

リーマン・ブラザーズを破綻させ、世界経済・金融危機を招来したアメリカの愚を繰り返してはならない……経済だけでなく、中国の国家そのものが崩壊しかねないからだ。

もちろん、経済に大打撃を与えないのであれば、容赦なくデフォルトさせる。「いつでも助けてもらえると思うな」という見せしめである。モラルハザード（倫理の欠如）を防止するためだといえば、マーケットはむしろ好感する。

そして、中国経済の崩壊につながりかねないのであれば、日本のバブル崩壊後の不良債権処理でおこなわれたように、金融商品の損失を、銀行と政府で、ときには投資家とで、分担するのだ。いわば、中国版不良債権処理である。

しかしその際、それぞれの損失をとことん減らさなければならないので、これまで通りの経済成長を続けなければならない。

二〇一四年三月に開催された第一二期全国人民代表大会（「全人代」、日本の国会に相当）で、経済成長率を前年と同じ七・五％としなければならなかったのは、そのためである。中国政府は、年間一〇〇〇万人の雇用を生むには、七・二％の成長が必要であるという。

ところが、これがとんでもない難問である。通常は、国内総生産（ＧＤＰ）に占める個人消費を引き上げるような政策をとるのが王道であるが、中国の現体制では、おそらく不可能であろう。

実は、中国のこの間の高度経済成長は異常な固定資本投資によるものであったので、重化学工業を中心にすさまじい過剰設備をかかえている。

この過剰設備が廃棄される過程には、まぎれもなく不況が訪れるのだが、しかしこれは、絶対に許されることではない。

ところが中国は、そもそも高度経済成長そのものが、日米欧のマーケットを対象とするものであったが、成長を継続するために、かつての日本がやったような日米欧への「集中豪雨的輸出」をおこなうことは難しい。なぜなら、世界経済が減速しているからである。

そこで、過剰な重化学工業設備の廃棄を回避する方法を模索したら、実行が比較的容易な方法が、ひとつだけあった――重化学工業設備を活用するための軍事力の増強、すなわち軍拡である。重化学工業は潜在的な軍事産業であって、軍拡には適合的であった。

ただ、よしんば、軍拡によって七・五％程度の経済成長ができたとしても、それだけで、理財商品など資産バブル期に発行された金融商品の損失を減らすことは、ほぼ不可能だ。

というのも、金融商品の不良債権額というのは、少なくともＧＤＰの半分、最大の推計だとＧＤＰ規模に匹敵《ひってき》するといわれ、半端な金額ではないからである。日本の資産バブル崩壊でも、銀行がかかえた不良債権は、最大の推計で二〇〇兆円、GDPの四〇%あまりだった。

ここで中国の銀行が販売した金融商品の損失を補塡《ほてん》するために、対外資産を売却する、あるいは政府が外貨準備を取り崩す、などということも考えられないことではないが、国際金融市場を大混乱に陥らせ、それが中国に跳ね返ってくるので、できることではない。

であるとすれば、資金供給の表舞台に躍り出るのが、政府の一行政機関に過ぎない位置にある中国人民銀行（中央銀行）ということになるであろう。

現在、世界経済・金融危機の根本的な克服のために、日米欧の中央銀行が全面出動しているが、それと次元は同じである。

アメリカの中央銀行たる連邦準備制度理事会（FRB）は、リーマン・ショック後、国債と住宅ローン担保証券（MBS）の大量の買い取りをおこなってきた。中国人民銀行が、国債や社債や理財商品などの金融商品の買い取りをおこなっても、なんらおかしなことではない。

ただ、ここで深刻なことは生産年齢人口（一五〜五九歳）の減少。結果、二〇一五年から潜在成長率が六・一%に低下すると推測されている。また、資産バブル期の投資によって莫《ばく》大《だい》な負債をかかえる地方政府は、二〇一六年までに大量の返済を迫られる。

しかも、官僚や政治家の汚職や経済格差の拡大により、庶民の不満はすさまじい。そのため、抗議行動などをおさえるのには、膨大《ぼうだい》な治安維持費が必要とされている。そしてそれは、なんと軍事費を超えているのだ……。

またその軍事でも、中国初の空母「遼寧《りょうねい》」に続き、さらに三隻を建造するなどと発表しているが、四隻の運用費だけでも年間数兆円がかかるといわれ、中国経済の首を絞めるだけのものになる。

さらに、中国の環境破壊に至っては、すでに人々の生存すら難しくなるという異次元の世界に入り込んでいる。

こうして、軍拡と治安維持と環境対策のための資金供給および不良債権の買い取りによって、中国人民銀行は政府へのマネー供給機関になり下がってしまう。それは、中央銀行によるる財政ファイナンスといわれるものである。

ブルームバーグによれば、中国の債務残高は、なんと約二一五〇兆円……これが近々、二五〇〇兆円にも達するのだ。

その結果、中国元の信認が失われ、インフレが亢進《こうしん》していく。インフレが亢進すると、それまでの元高から元安に転換する。すると輸入価格の上昇で、ますますインフレが激しくなる……。

また中国では、大気汚染によって、農業や畜産業が深刻な影響を受けている。異常気象は異常ではなく、「通常」になってきている。そのため農業や畜産業の生産が落ち込んでいくので、食料価格はますます値上がりしていくことになるのだ。

こうして、インフレが急激に亢進し、中国経済は二〇一七年までに崩壊する——。

本書の企画および執筆にあたって講談社生活文化局生活文化第三出版部担当部長の間渕隆氏には、大変お世話になった。記して感謝の意を表する次第である。

二〇一四年七月

相沢幸悦《あいざわこうえつ》

目次◉軍事力が中国経済を殺す

まえがき——中国の空母運用にかかる年数兆円　3

序　章　軍事力が中国経済を殺すプロセス

第一章　中国バブル完全崩壊

第二章　三重苦に喘ぐ中国経済

第三章　軍事費を上回る治安維持費の罠

第五章　人民解放軍が殺す中国経済

第六章　暴走する中国人民銀行

序　章　軍事力が中国経済を殺すプロセス

終わりが迫る人口ボーナス

中国経済がこのまま行けば、人口の減少で、経済が後退していく可能性が高い（三井物産戦略研究所「戦略研レポート」二〇一三年六月五日）。

中国では、一九七九年以降の人口抑制策、いわゆる「一人っ子政策」にともなう出生率の低下で、総人口に占める生産年齢人口の比率が上昇する、いわゆる人口ボーナスの時期が続いてきた。

日本の高度経済成長期と同じように、この時期には、生産年齢人口が増加するとともに、子どもの養育費負担が少なく、貯蓄率が上昇し、投資の拡大がもたらされ、労働力と資本の投入によって経済が成長していく。

中国が三〇年近くにわたり平均一〇％あまりの高度経済成長を実現できたのは、この人口ボーナスによるところが大きい。

もちろん、人口が増えたら経済成長するのであれば、多くの発展途上国が、かなりの経済成長をするはずだ。この人口ボーナスというのは、あくまでも経済成長のひとつの前提にすぎない。

ただ、この中国の生産年齢人口（一五〜五九歳）は、二〇一二年末に九億三七二七万人で、前年よりも三四五万人減少した。総人口に占める生産年齢人口の比率は、二〇一一年から低下傾向にあるが、絶対数でも減少に転じている。

中国社会科学院人口・労働経済研究所の試算によれば、人口ボーナスが消滅していくことにより、中国の潜在成長率は低下していく。すなわち、二〇〇六〜一〇年の一〇・五％から、二〇一一〜一五年に七・二％、二〇一六〜二〇年に六・一％と低下していくのだ。

もしも、この試算が現実化すれば、二〇一五年あたりから、中国経済は事実上の「景気後退」局面に突入することになる。失業者が激増し、社会の混乱が激しくなっていくであろう。

そして、それを回避するために残された道は、後述するように、軍事力の強化、すなわち軍拡しかないのだ――。

銅の国際価格の暴落の裏で

太陽光パネル大手の発行した社債の債務不履行（デフォルト）が、二〇一四年春以降のウクライナ情勢の深刻化とあいまって、中国経済への懸念を増幅した。

中国では採炭業者の経営不振も深刻化しているが、このデフォルトを契機にして、銅価格や鉄鉱石価格が下落基調を示している。石炭も銅も鉄鉱石も、資産バブル期に投機の対象とされたものだ。

たとえば、投資家の一部は、アメリカ・ドル建てで銀行から信用状の発行を受けて資金を調達し、銅を輸入する。輸入した銅をすぐに売って人民元を入手し、理財商品などで運用すれば、利ザヤをかせぐことができる。

アメリカ・ドルと中国元では、元のほうが金利は高いからである。

これは、資産バブル期に日本でおこなわれた典型的な財テクである。鉄鉱石も財テクに使われてきたのだ。

このデフォルトを契機に中国の信用収縮懸念が広がり、銅の国際価格が大幅に下落している。指標となるロンドン金属取引所相場は、二〇一四年二月下旬に直近の最高値を付けたが、デフォルト後には七％あまり下落し、約九ヵ月ぶりの安値となった。

中国は銅の最大の消費国であるが、信用収縮が起きると、投機で輸入した銅が換金のために投げ売りされる。

鉄鉱石も投機に使われてきたが、国際価格が下落し、オーストラリア産の鉄鉱石は、一年五ヵ月ぶりの安値圏に入った。

かくして資産バブルが終焉《しゅうえん》し、ついに商品市場から崩壊が始まったといえるかもしれない。それはまた、中国経済の「終わりの始まり」でもある。

なぜ二〇一七年に崩壊するのか

また中国は、資産バブルの終焉で、事実上のデフレ状態に陥っている。日本の平成大不況を見てもわかるように、デフレの克服というのは難問である。

人口ボーナスの消滅で二〇一六年から潜在成長率が六・一％まで低下するのに対処しなければならないこと、地方政府の債務が二〇一六年までに大量に償還期限が来ること、すでに金融商品の債務不履行（デフォルト）が始まっていることなどを考えると、中国経済の崩壊は差し迫っている。

国際的には、ロシアのウクライナ・クリミアの併合問題、新興諸国のインフレと景気の低迷、アメリカの株式バブル崩壊の懸念、国内的には、信用収縮の懸念、経済成長の減速などなど……二〇一四年の経済成長率も低迷した。

目標たる七・五％の経済成長を持続するためには、経済・産業構造の大改革、とりわけ格差縮小による個人消費の拡大が必要であるが、現状の体制では不可能である。

そうであるとすれば、固定資本投資を中心に経済成長を主導してきた中国にとって、軍事力強化、すなわち軍拡による「準戦時体制」が、最も適合的である。

……しかしそのためには、膨大な資金を必要とする。おそらく国内総生産（GDP）に匹《ひっ》敵《てき》する規模、すなわち最低でも一〇〇〇兆円は必要であろう。とはいえ、たとえば国有企業からは満足に税金をとっていないような国なので、捻出するのは難しい。

とすれば、政府の下部機関である中国人民銀行が大規模なマネー供給をおこなわざるを得ない。したがって、二〇一七年までにインフレが亢進して、中国経済が崩壊する可能性が高いのだ。

軍拡で成長した国は存在しない

ここまで述べてきたように、中国では、デフレ克服のための「経済政策」である軍事力増強、すなわち軍拡の結果、これからインフレが亢進していくのはまちがいない。

まず、理財商品のデフォルト懸念が急速に高まってきているので、中国人民銀行の資産規模は、理財商品の大規模な買い取りで急膨張していくことになるであろう。現在の中国では、デフォルトをすべて投資家の自己責任だとすることはできないからである。

理財商品を販売して集めた資金の投機対象となった採炭業や銅や鉄鉱石だけでなく、太陽光パネル企業なども救済をしなければならない。もちろん、住宅価格が暴落することは、なんとしても回避しなければならない。

こうして、住宅市場や金融市場や商品市場を落ち着かせながら、特に重化学工業の過剰設備を温存させるために唯一残された道、すなわち軍備増強による経済成長に突っ走っていかざるを得ない。

重化学工業というのは、潜在的な軍事産業である。潜在的なものを顕在的なものにするのが、軍備の増強、すなわち軍拡なのである。

しかし歴史的に、戦後の一時期のアメリカをのぞけば、軍拡で長期的に経済成長した国はない。軍拡の帰結は、戦争か国家の破滅であった。

世界史の例外とならないかぎり、中国も、いずれ軍拡で経済が崩壊することはまちがいない。

ただ軍拡の末に、日本やナチス・ドイツがたどったように、中国が全面戦争に突き進むということも、現状では考えづらい。すると、中国人民銀行が理財商品などの金融商品と国債を大量に購入せざるを得なくなって、二〇一七年までに、インフレが亢進していくことであろう。

こうしてインフレ傾向になると中国元高から通貨安に転換するので、輸入物価が上昇し、さらにインフレが加速していく……。

そして、このインフレの亢進に輪をかけるのが、異常気象である。すると、豚肉や野菜などの食料価格が高騰《こうとう》し、庶民の抗議行動がさらに激しくなるであろう。

中国の水不足というのも極めて深刻であり、農業の生産性は、ますます低下していくことになる。

ここで強調しておかなければならないことは、食料価格の高騰は、なにも異常気象だけでなく、人災によっても起こっているという事実である。

北京市農林科学院の孫宝啓《そんほうけい》副院長によれば、二〇一三年六月の小麦の生育期に、微小粒子状物質（ＰＭ2.5）を含むスモッグが連続して一週間以上発生したために、北京郊外の農産物生産量が前年比で一五～二〇％も減少したという。

大気汚染は、中国最大の穀物生産地である黒竜江《こくりゅうこう》省、吉林《きつりん》省、遼寧省でも急速に悪化しており、ＧＤＰの約一割を占める農業への影響が懸念されている。孫副院長は、「大気汚染は植物の光合成を阻《はば》み、国家の食糧安全への脅威となる」と述べている。

近く、庶民の抗議行動と中国経済の崩壊を阻止するためにおこなわれるであろう、人民銀行による理財商品と中国国債などの大量の引き受けによって、人民元の信認が低下し、結果、元安になり輸入物価が上昇、さらに異常気象による食料価格の高騰で、一〇％を超えるインフレが進む可能性もある。

こうしたなかで、これからますます、環境汚染と大気汚染が深刻化していくことは間違いない。ＰＭ2.5の問題は、エネルギーを石炭から再生可能エネルギーに大転換しないかぎり、決して解決されることはない。

それにもかかわらず、発電エネルギーの七割を占め、しかも質の悪い大量の石炭は、どんどん燃やされていく……中国の大都市は、もはや人間が生存することが厳しい段階に近づいていることはまちがいない。

江戸時代の百姓一揆《ひゃくしょういっき》を見るまでもなく、人間は、食うや食わずになったときに立ち上がる。しかも、自らの生命が危険な状態になれば、たとえ強大な権力に対してであっても、死に物狂いで抵抗する。

これらすべての結果、資産（住宅）バブルの崩壊を押し留めようとして進められる軍拡が決定打となり、二〇一七年までに中国経済は崩壊するのだ。

さらにいえば、もしもアメリカの第二次株式バブル崩壊があれば、それはもっと早まる……。

中国経済崩壊でも日本に影響なし

ただ、ここで留意すべき点がある。

「中国経済が崩壊しても日本経済への影響は少ない」という、意外な事実だ――。

このあたりを明快に解説しているのが、大和総研チーフエコノミストの熊谷亮丸《くまがいみつまる》氏だ。氏の著書『パッシング・チャイナ』から引用してみよう。

氏は、尖閣《せんかく》諸島の国有化を機に、二〇一二年秋に起こった中国での反日デモ、それ以降の日中ビジネスを予想する部分で、以下のように述べている。

〈実は日中関係悪化に伴う日本経済への悪影響は大した話ではない。最悪のケースでも、日本の国内総生産（GDP）を二〇一二年度と二〇一三年度にそれぞれ約〇・二％押し下げる程度の話だ。四七〇兆円程度の経済規模を有するわが国にとって、中国との関係悪化は、まさに「蚊が刺した」程度の影響しかないのである。

そもそも「貿易」というのはお互いに経済的なメリットがあるから行っているのであって、どちらか一方がお願いしてメリットのない取引を行うことなどあり得ない。これは、国際経済学の教科書の冒頭に必ず書いてある話だ。

したがって、日中経済の相互依存関係が強まるなか、日中関係の悪化は、間違いなくお互いにデメリットをもたらすのである。日中関係が悪化すれば、日本だけではなく中国も当然困る。そろそろ中国も、本音ベースでは音《ね》をあげ始めている〉

（前掲書「第六章　日中対立で困るのはどっちだ」）

中国経済が崩壊しても、日本経済は、せいぜい「ミツバチが刺した」程度の影響しか受けない。そして、中国の軍事力増強を日本が声高《こわだか》に非難しても、中国は日本とのビジネスを続けるしかない。たとえば中国が輸出するｉＰｈｏｎｅの中身も、その部品の多くは日本製であるからだ。

一方、日本は、ベトナムやミャンマー、あるいはタイやインドネシアなど、投資先や貿易相手には困らない。そのため二〇一四年一〜四月の日本から中国への直接投資は、前年同期に比べて、なんと四六・八％も減っている。

インフレ亢進で中国経済崩壊

世界史というのは、動くとなったら実に速い。

わたしは、かつてそれを実感したことがある。一九八九年一一月にベルリンの壁が崩壊したときのことである。

大学院時代、わたしは、西ベルリンにあるベルリン自由大学（ＦＵ）で勉強した。ただ、なぜか、資料のそろっているベルリン工科大学（ＴＵ）の図書館がアパートのそばにあったので、ここにこもって資料集めをした。

食事もＴＵの学生食堂でとった。安くておいしかったことを覚えている。

ベルリンの壁に囲まれていたのが西ベルリンで、東西冷戦の最前線であった。

社会主義の東ベルリンには、五マルク払えば二四時間滞在できたので、よく遊びにいった。社会主義というものを、しっかりと見ておきたかったからである。すると、あちこちでシュタジー（秘密警察）が目を光らしていた。目を見れば、すぐにわかる。

売られているモノの品質は見るからに低く、あまり住みたいとは思わなかった。だから、ベルリンの壁が崩壊したというニュースを聞いて、やはりと思った。わたしの付き合っていた東ドイツのフンボルト大学（昔のベルリン大学）の日本語学科学生も、東ドイツの体制を厳しく批判していた。

このフンボルト大学の学生とは、飲み屋で、大声で東ドイツの批判をした。おそらく、そばにはシュタジーがいたと思うが、捕まることはなかった。日本語で体制批判をしていたからである。

一九八九年にベルリンの壁が崩壊しても、東西ドイツの統一は、だいぶ先のことだろうと思っていた。ドイツ経済を勉強してきたので、没落しつつあるとはいえ、ソ連という超大国が、そう簡単に東ドイツを西側に引き渡すとは思えなかったからである。

ところが、ドイツについての原稿を書いてゲラが来ると、事態はまったく変わっているということが多かった。あれよあれよという間に、一九九〇年七月、東ドイツ・マルクを西ドイツ・マルクと交換するという通貨統合が実施され、一〇月には、ついに東西ドイツが統一されてしまった。

通貨統合のときには、東ベルリンに行って、交換の実態を見てきた。このときは、まさに新たな世界史の渦中にいるのだ、という実感があった。

わたしは、近い将来、中国経済の成長が止まることを確信している。ただ、止まるだけであればいいが、公共投資主導の高度経済成長と資産（住宅）バブルの歪《ひず》みがいずれ噴出する。さまざまな矛盾《むじゅん》を爆発させないために残された手段は軍拡しかなく、その帰結は、インフレの亢進であるということも確信した。

インフレが亢進すると、中国経済は崩壊してしまう。

中国は、かつての東西ドイツのように、二〇二〇年までの間に目まぐるしく変わるであろう。世界史というのは、動くときは、あっという間に動くのである。

第一章　中国バブル完全崩壊

中国経済の断末魔の始まり

中国は、一九七八年に開始された改革開放政策によって、大量の外資（外国の資本）を導入することによる経済成長政策を採用した。一九九二年には社会主義経済を修正し、土地の国有制は維持しながら市場経済を導入する、「社会主義市場経済」を導入した。

本来は、社会主義と資本主義というのは、対立・矛盾《むじゅん》する概念である。

社会主義のひとつの特徴は、実行が可能かどうかはともかく計画経済であり、資本主義は、神の「見えざる手」が機能する市場経済だ。この側面に目をつぶったのが社会主義市場経済である。

社会主義のもうひとつの特徴は、土地や生産手段の人民的所有（あるいは国有）であり、資本主義は私的所有である。社会主義市場経済では、市場経済を導入するものの、土地は私的所有ではなく人民的所有を維持しているので、矛盾しないという……。

当初は、社会主義市場経済という理念がなかったこともあって、外資は中国国内で生産活動などをおこなうものの、あくまでも製品は、すべて外国に輸出するという条件で導入がみとめられた。

こうして中国は、外国の資本を導入する政策をとったが、それは中国への技術移転を進め、中国企業の育成を図るためであった。単なる「場所貸し」「低賃金労働者貸し」だと中国経済そのものが成長しないし、国民の生活水準も上昇しないからである。

改革開放期の製造業のレベルでは、とうてい日米欧に売れる製品をつくることができなかったことであろう。その欠陥を補完したのが、中国に進出した日本企業であったと考えられる。いいモノづくりをしなければ、「病的」なまでに完璧なモノや農林畜産物を求める日本では売れないから、そのDNAは中国企業を成長させた。

ただ一般的に、外資は当初、日米欧の一〇分の一あまりという低賃金にひかれて中国に進出したのはまちがいない。そしてそれは、中国で生産して中国のマーケットで販売するためではなく、日米欧のマーケットで売るためであった。

このように日米欧の企業が中国で設備投資をし、低賃金労働者を雇用して、低コスト商品を日米欧のマーケットで販売したのだ。おかげで、デフレに陥った日本は別として、コスト削減に成功した欧米企業は、高い収益性を確保することができた。

当然ながら、設備投資が拡大し、輸出によって貿易黒字が膨れ上がったので、中国の国内総生産（GDP）が年率一〇％前後も増加する高度経済成長が三〇年ほど続いた。日本の二〇年弱より長かった。

しかし、この高度経済成長に黄信号がともるきっかけとなったのが、二〇〇八年九月にアメリカで勃発《ぼっぱつ》したリーマン・ショックであった。そこで中国政府は、四兆元（約六八兆円）にも上《のぼ》る景気テコ入れ策をとった。

そのおかげで、資産バブル崩壊への対処で汲々《きゅうきゅう》としていた欧米諸国に代わって、世界経済が恐慌状態に陥るのをかろうじて抑え込むことができた。日米欧の経済をひとりで牽引するかのようであった。

だが、それは、住宅・資源価格が高騰する資産バブルを助長するとともに、激しい固定資本投資によって高度成長を持続させることにもなった。その後に迫り来る中国経済の断末魔の始まりである。

GDPに匹敵する影の銀行の規模

この四兆元の景気テコ入れ資金のかなりの部分は、地方政府を通して、住宅市場などに流入した。実は、この景気対策では、全体の三一％に当たる一兆二五〇〇億元の支出が地方政府に割り当てられたが、そんなお金などあろうはずもない。借金をするにも、地方債の発行による資金調達や銀行からの直接借り入れも、原則的に禁止されてきたからだ。

しかも、地方政府は、予算法で財政赤字を計上することを禁止されている。それなのに、中国政府は、景気対策で多額の財政出動を求めてくる。おそらく、地方政府は途方に暮れたことであろう。

地方政府の官僚などは、中央政府の無理難題に応えて実績を上げないと、出世できない。そこで、妙案を考え付いた官僚がいた。地方政府は、大きく分けてふたつの資金調達手段を編み出したのだ。

ひとつは、農村部の地方政府は土地の所有権を有しているので、たとえば農民から年収の数倍で使用権を購入、それを建設業者に高値で売却し、利益を得る方法。

もうひとつは、地方債の発行や銀行からの直接借り入れを禁止されているので、地方政府が地方融資平台（投資会社、地方政府融資平台公司）を設立して、ここが銀行から借り入れをおこなうか、あるいは中流層から成る投資家などから資金を集めて、不動産等に投資する方法である。

ここでやっかいなことは、地方融資平台は地方政府が設立しているので、そこの借り入れは、事実上は地方政府によって返済に対し「暗黙の保証」があると見られていることだ。

そして、資金調達手段として販売されているのが、「理財商品」と呼ばれる高利回りの資産運用商品である。

このような資金ルートが、シャドーバンキング(影の銀行、中国語では影子銀行)といわれるもの。銀行が関与しない「影」の資金ルートだからである。

銀行預金は、最高でも三・三%(一年ものの定期預金で)に金利が規制されているので、高金利を求めて、この分野に大量の投機資金が流入した。

中国社会科学院は、二〇一二年末のシャドーバンキングの規模を、二〇兆五〇〇〇億元(三四八兆円)と発表しているが、三〇兆元(五一〇兆円)、すなわちGDP比で約五八%という推計、さらにはGDPに匹敵するという推計もある。

住宅バブルの崩壊が始まった

こうした資金だけでなく、大量の投機資金も住宅市場に流れ込んできたので、住宅価格が上昇してきた。それが住宅バブルの様相を呈し、さまざまな規制がおこなわれると、一転、二〇一一年末から一二年初頭にかけて、住宅価格が下落基調に転換した。

そこで、二〇一二年六月と七月に中国人民銀行が政策金利を引き下げたことなどもあって、住宅価格は反転する。しかし、投機用の購入も多く、使われていない住宅もかなりあるので、近いうちに資産（住宅）バブルが崩壊する可能性が高い。

実際、二〇一四年三月には、浙江《せっこう》省の中堅不動産開発会社・浙江興潤置業投資が、事実上の経営破綻をした。

このように中国では、地方都市を中心に住宅価格が伸び悩み、経営が悪化する不動産企業が続出している。

中国国家統計局が二〇一四年三月に発表した住宅価格動向でも、上海、北京、深圳などの大都市で上昇率が鈍化し、住宅バブル崩壊の予兆と見られた。

その後、二〇一四年四月には、中国の一〇〇の主要都市のうち四五都市で前月より不動産価格が値下がりした。また、五月初めの三連休に北京で売れたマンションの総面積は一万八九〇〇平方メートルで、前年に比べて四分の一に激減した。加えて、上海、広州、深圳を併せた四つの大都市の合計でも、売れたマンションの部屋数は前年を四割も下回った（「朝日新聞」二〇一四年五月一〇日）。

しかもこれは需給関係による値下がり。よって、下がり幅は大きくなり、かつ期間も長くなる可能性が高い。

地方政府そのものがデフォルト

ここで深刻な問題は、大量の投機資金が、地方政府の設立した地方融資平台を通じて、住宅をはじめ採炭業者や太陽光パネル業者など、あるいは銅や鉄鉱石といった商品など、さまざまな分野に投資されていることである。

しかし、このように大規模な資金がシャドーバンキングを通じて、住宅市場や企業の固定資本投資のほか、さまざまな分野に投資されてきたので、リーマン・ショック以降も中国では高度経済成長が続いたのである。

地方政府がかかえる直接債務のほかに、地方融資平台に信用保証などをおこなっている間接債務を加えると、二〇一〇年末の一〇兆七〇〇〇億元、二〇一二年末の一五兆九〇〇〇億元から、二〇一三年六月末には一七兆九〇〇〇億元に激増しているという（「エコノミスト」二〇一四年二月一一日号）。

このうち、地方政府が二〇一三年六月末に直接返済義務を負っていたのが一〇兆九〇〇〇億元（約一八〇兆円）で、二〇一四年に返済期限が来る債務は全体の二二％、二〇一五〜一六年には四〇％にも上る。

中国の資産（住宅）バブルは終焉《しゅうえん》しつつあると見られる。つまり、投資用に住宅を購入した中流層（中間層）に大規模な損失が発生しつつある、ということだ。

さらに深刻な問題は、いままでのように地方政府が農民から土地使用権を安値で買い叩いて手に入れて、不動産業者に高値で売却して巨額の利益を得ることができなくなっていることである。

さまざまな不動産開発をおこなっても、あちこちでゴーストタウン（鬼城）になっているので、土地を高値で地方政府から買い取って開発する業者はいなくなっている。購入価格より値上がりしなければ、損をするからである。

しかし、農民から買い叩いた土地使用権が高値で売れなければ、地方政府は、債務の返済ができなくなってしまう。

しかも、高度経済成長が終息したこともあって、シャドーバンキングを通じて売却された理財商品の焦げ付きが目立ちはじめている。たとえば、採炭企業や太陽光パネル企業などの株式が下落し、経営破綻が発生しているのだ。

そこで、二〇一五～一六年に巨額の資金返済を迫られる地方政府そのものが、債務不履行（デフォルト）する可能性が出てきている。それに追い打ちをかけているのが、理財商品の元利金支払いの遅延続出である。

「債務不履行を容認すべきだ」

二〇一四年一月二八日付の「日本経済新聞」に小さな記事が掲載された。

債務不履行（デフォルト）懸念が高まっていた理財商品（誠至金開一号、三〇億元）を販売していた中誠信託（北京市）が、二七日に、元本の支払いについて三一日の期日までに支払うことで「投資家と合意に達した」と発表したのだ。

このときには、地方政府の意向を受けたと見られる第三者が、この理財商品を買い取ったといわれている。

二月一二日には、吉林省信託（吉林省長春《ちょうしゅん》市）が販売した理財商品（吉信・松花江七七号、九億七二四〇万元、予想利回り年九・八％）が、期日までに投資家に元利金を返済できず、支払いが遅延していることが明らかになった。

この理財商品は、山西《さんせい》省の民営採炭業者である山西聯盛能源に投資しているが、石炭価格の下落で債務の返済が難しくなっていたのだ。

ここで問題となったのは、この採炭業者が山西省政府金融弁公室と戦略的再建案に署名していること。結局は、山西省が救済に乗り出すことになる、ということなのである……。

そして、先述の通り、ついに二〇一四年三月八日、衝撃的な出来事が新聞報道された。それは、中国の太陽光パネル大手の上海超日太陽能科技（上海市）が、七日に予定していた社債の利払いができなかったという記事である。

ここで、中国での公募普通社債市場ではじめて、デフォルトが発生した。このデフォルトは、中国経済の「終わりの始まり」を告げる出来事であろう。

実際、週明けの株式の上海総合指数は、前週末比で約三％下落し、二〇〇〇台を割り込んだ。

こうしたなかで、中国の四大国有銀行のひとつ中国銀行の李礼輝《りれいき》前行長は、二〇一四年三月、個人向け高利回り商品の理財商品について、「一部は債務不履行（デフォルト）を容認すべきだ」と述べた。

同氏は、シャドーバンキングの規模は約二〇兆元（約三四〇兆円）との推計を明らかにし、「一部の商品は問題がある」と認めたという。

金融関係者が理財商品のデフォルトを容認したということは、いよいよ本格的に対処しなければ、金融恐慌が勃発《ぼっぱつ》するということである。

資産バブルの終焉を示すもの

理財商品などの金融商品のデフォルトの危機は、この間の高度経済成長の末期に発生した資産（住宅）バブルの終焉を示すものであるが、中国経済のひずみも顕在化してきている。まず、貧富の差の拡大とともに、沿岸部（東部）と内陸部（中西部）との地域間格差が激しくなってきた。官僚や政治家のすさまじい汚職も、目に余るものがある。日本では、公務員は数万円の収賄《しゅうわい》でも後ろに手が回り、懲戒免職になる。それが、何十億円、何百億円、何千億円……なにをかいわんや、だ。

そのために、中国のあちこちで抗議行動が頻発している。農地の使用権を安値で買い叩かれた農民の反抗もすさまじい。当たり前である。生活の糧《かて》がなくなるからだ。

貧富の差や地域間格差に加えて、チベットや新疆《しんきょう》ウイグルなどの自治区では、少数民族による激しい抗議行動が発生している。

かつて、新疆ウイグル自治区をたずねたことがある。ここには膨大な資源があるが、支配しているのは少数派の漢民族だ。多数を占める民族にも経済の果実を配分せよというのも、わかるような気がした。かつ、民族問題というものは、経済の論理では説明できないことも多い。

しかし、単一国家としての中国の分裂を回避しようとすれば、なんとしても抗議行動の拡大を抑えなければならない。安倍晋三《あべしんぞう》総理が、二〇一三年一二月に靖国《やすくに》神社参拝を強行しても、反日デモを抑え込まなければならなかった理由は、それを中国政府への抗議行動に転化させないためであったのだ。

この中国では、民衆の抗議行動を抑え込むために、実は軍事費を上回る治安維持費が投入されている。

たしかに、貧富の差の拡大や地域間格差に端を発する抗議行動は、武装警察の大量投入で抑え込むことができるかもしれない。それでもダメなら軍を出動させればいい。チベットや新疆ウイグルなどの自治区でも、力で抗議行動をねじ伏せるであろう。

しかし、こうして、治安維持費は雪だるま式に膨れ上がっていくのである……。

警察は制御不能、叛乱する中流層

もっと難しい問題もある。もしも膨大な理財商品が大規模にデフォルトを起こし、中国政府や地方政府や銀行などがその損失を補塡《ほてん》しなければ、投資家は直接、損失をこうむる。そうすると、中国そのものが崩壊してしまう可能性も出てくるのだ。

というのも、理財商品に投資しているのは、そのほとんどが中国の中流層（中間層）に他ならないからである。

中国の株式バブルは、リーマン・ショックで崩壊した。株価が反転する気配は見られない。そこで中流層は、高い収益を求めて、三・三％という低い金利の銀行預金ではなく、五〜一〇％以上という高利回りの理財商品に大量の資金を投入してきた。この中流層が投資の失敗で無一文《むいちもん》になれば、もはや中国社会を支える階層としては、存立し得なくなる。

かつて、シュンペーターが、「資本主義はその成功のゆえに滅ぶ」といったのは、拡大する中間層が資本主義を変革する主体に転化してしまうからである。このシュンペーターの予言が中国で的中することになってしまう。

少数民族や貧者の叛乱《はんらん》は、武力や警察力で抑えることができようが、中流層が叛乱すれば、社会主義市場経済そのものが崩壊しかねない。したがって、理財商品のデフォルトを回避するために、いままでどおり、中央政府、地方政府、組成した銀行と販売した銀行で、損失が分担されなければならない。

もちろん、投資した中流層にも損失の応分の負担が求められることはいうまでもない。そうしないと、投資に失敗したのに、どうして公的資金で救済されるのだという批判が街にあふれる。庶民の抗議行動がさらに過激化する可能性がある。

既に日本の不良債権処理や、あるいは債務危機下のギリシャ国債の処理でもとられた方法を踏襲《とうしゅう》すれば、社会的な混乱を最小限におさえることができるということを、中国政府はよく学んでいるはずだ。

だとしても、中国政府や地方政府が、損失のかなりの部分を肩代わりしなければならなくなることはまちがいない。ここでも、莫大な財政支出が必要となってくるのだ。

日本を反面教師にすれば、資産（住宅）バブルの崩壊は、ぎりぎり抑え込むことができるかもしれないが、高度経済成長の終焉を先延ばしすることは、かなり難しい。既に、住宅価格も資源価格も低迷し、経済活動も停滞してきているからである。

企業業績も悪化し、銀行から借り入れができなくなった不動産開発業者や採炭業者や太陽光パネル業者などが、理財商品を通じて、リスクの意識が低い個人（中流層）から高利回りの資金を調達してきた。

こうして資産バブルが終わりに近づくと、なんとか生き延びようとして、高利回りや高金利で資金を集めようとする。そうすると、さらに高い収益を得ようとして、本来はとってはならないリスクをとってしまう。そして結局は、損失が膨大な規模に達して破綻する。資産バブルが崩壊するのは、末期に皆が、あちこちで過大なリスクをとるからである。

実際、日本の平成大不況期に北海道拓殖銀行が経営破綻したのは、資産バブルが崩壊して、あちこちの銀行が損失の償却に必死になっているときに、洞爺湖《とうやこ》の豪華ホテルなど、わけのわからないものに投資を続けたからだ。

軍拡以外に選択肢のない経済政策

外資の導入と資産（住宅）バブルで長期の経済成長を続けてきた中国経済も、崩壊の危機を迎えつつある。もちろん中国政府が、座して死を待つことはない。中国歴代の政権も、体制維持のため、あらゆる選択肢を模索して、生き残りをはかってきた。

日本の平成大不況期には、不良債権処理をするため、日本銀行は超低金利政策を、政府は大規模な公共投資をおこなって、景気を下支えした。その帰結は一〇〇〇兆円という天文学的な規模の政府債務である。中国政府は、方法は異なるが、これを踏襲《とうしゅう》するであろう。

つまり以下のロジックだ。理財商品などの金融商品の損失を最大限減らすには、経済を成長させ続けなければならない。幸い、これまでが固定資本投資による経済成長だったので、重化学工業が大量の過剰設備をかかえている。これを活用しない手はない……。

――歴史上、多くの為政者が選択してきた軍事経済（軍拡）を構築すればいいだけのことである。

実際、尖閣《せんかく》諸島や南沙《なんさ》諸島の領有権を主張し、資源確保のために、あるいは海上交通路を確保するために、中国の軍事費は年率一〇％以上の伸びを示している。

いま、有効に機能するかどうかはともかく、ウクライナから購入した中古船を改修した中国初の航空母艦「遼寧」が配備され、実戦訓練中である。数年のうちに四つの空母機動部隊を構築する予定だともいう。しかし、空母の建造には一兆円から二兆円かかるが、その運用には、さらに天文学的な財政資金が必要となる。

こうして、質を別にすれば、アメリカに匹敵《ひってき》する軍事力、とりわけ海軍力を持つことによって、領土を拡大することができるかもしれない。中国政府は、このように領土の拡張を進めることで、庶民の目を国外に向けさせて、抗議行動をおさめるとともに、軍拡自体によって経済成長を続けようとしているのだ。

ところが、歴史の教訓に学べば、軍拡によって一時的に経済は成長するものの、その帰結は、戦争あるいは国家の没落だ……莫大な財政資金が継続的に必要とされるからである。

財政資金は二段階で累増するであろう。第一段階で、中国政府・地方政府が、理財商品の大量のデフォルトを回避し、中間層の叛乱を抑えるために、これを買い取らざるをえない。第二段階は、軍事力増強のための莫大な支出。中国の軍事費は一三兆円あまりと公表されているが、実際には、その倍以上あるといわれている。沿岸警備のための大型巡視船の建造も急ピッチで進められており、二〇一四年のうちに二〇隻の巡視船を建造するほか、世界最大級の一万トン級の巡視船も建造する計画だ。

また、チベットや新疆ウイグルなど、国内で広範に広がる抗議行動の頻発により、治安維持費が膨張し、この数年は国防費を超えている。これからは、デフォルトが懸念される理財商品の買い取り費、軍事費、沿岸警備費、治安維持費が激増していくことは明らかだ。

しかし中国政府や地方政府は、その財政負担に耐えられないであろう。既に、約二一五〇兆円もの政府債務残高があるからだ。

すると、政府や銀行などが外国にある資産の売却や外貨準備を取り崩すということは考えづらいので、結局は、政府の一機関に過ぎない中央銀行（＝中国人民銀行）が資金供給をおこなわざるを得なくなる。その帰結は、いつの世にもインフレの亢進《こうしん》に他ならず、二〇一七年までに中国経済は崩壊することになるのだ——。

第二章　三重苦に喘ぐ中国経済

中国経済の「三重苦」とは何か

三度も失脚してようやく実権をにぎった鄧小平《とうしょうへい》は、一九七八年一二月の中国共産党第一一期中央委員会第三回総会で、改革開放政策の開始を決定した。ただちに取り組まれたのが、集団農業の改革であった。

また、一九九二年一〇月に開催された中国共産党第一四回党大会では、「社会主義市場経済」が改革の目標に定められた。続く一九九三年一一月には、「社会主義市場経済体制確立についての若干の問題に関する決定」がおこなわれた。

ここで、日米欧のような経済・金融システムの積極的な導入が図られることになった。中国経済の画期をなすものであろう。

こうして中国は、年率一〇％あまりの高度経済成長を遂げるようになった。欧米の資産バブルの絶頂期である二〇〇七年には、国内総生産（GDP）でドイツを抜いて世界第三位に、外貨準備高では前年の二〇〇六年に、日本を超えて世界第一位に躍り出た。

ところが、二〇〇七年八月にサブプライム危機が発生し、世界経済が減速すると、さしもの中国経済にも黄信号が灯《とも》ってきた。バブル状態にあった株価が下落してきたのだ。

上海総合指数は、二〇〇七年一〇月の六〇九二ポイントのピークから、二〇〇八年のリーマン・ショック直前の九月はじめには二三〇〇ポイントを割り込んだ。株価は、その後も低迷し続け、このときに株式バブルは崩壊したということができよう。

二〇〇八年夏には、国家の威信をかけた北京オリンピックを成功させたが、間もない九月一五日のリーマン・ショックで株式市場も下落。そこで、二〇〇八年一一月、中国政府は、GDP比で実に約一三％にも達する四兆元（約六八兆円）規模の内需拡大策を発表した。この四兆元のほとんどが、固定資本投資分野に投入されたのだ。

この四兆元の内訳《うちわけ》というのは、中央政府分が約一兆一八〇〇億元、地方政府負担分が約一兆二五〇〇億元、残りの約一兆五七〇〇億元は銀行からの融資などから成っていた。

世界経済・金融危機に見舞われて、各国の景気が低迷するなか、中国政府は二〇〇九年三月、この年の経済成長率の目標値を八％とした。この目標を達成するため、住宅建設をはじめ大規模な固定資本投資がおこなわれたので、ますます資産（住宅）バブルが激しくなり、結果、さらなる高度経済成長の継続が求められた。

こうした経路をたどり、現在、中国経済は、住宅バブルの突然の終焉、固定資本の過剰な形成、極めて深刻な環境破壊という、「三重苦」に襲われている。

地方政府が土地投機に走る背景

中国政府は、食糧自給率を低下させないために、一八億ムー（一億二〇〇〇万ヘクタール）の農地を維持するという方針をとっている。そのため、農地の住宅地への転換などがあまり進まず、これが土地価格や住宅価格の高騰に拍車をかけるひとつの要因となっている（関志雄《かんしゆう》「季刊　中国資本市場研究」二〇一三年夏号）。

中国の土地というのは、都市部では国有であるが、農村部では集団所有となっている。したがって、マーケットで売買されるのは土地そのものではなく、七〇年間の土地の使用権である。日本でいう借地権であろう。

地方政府は、農民などの住民に土地売却収入の五～一〇%の補償金を支払うか、あるいは年収の数倍という安値で使用権を購入して立ち退かせ、不動産開発業者に使用権を高値で売却する。

使用権の売却代金の五%を中央政府へ、一〇%を省政府に上納すればいいので、地方政府は、七五～八〇%を自由に使うことができる。二〇一二年の地方政府の土地譲渡金は、なんと二兆八五一七億元（約四九兆円）である。

そこに、不動産関連税収の一兆一二八億元を加えると、中央政府からの財政移転をのぞく地方政府の歳入九兆五二八一億元の、実に四〇・六％を占めている。

二〇一一年まで、地方政府が銀行から直接資金を借りることは禁止されていた。そこで、先述したように、地方融資平台（地方政府融資平台公司）と呼ばれる投資会社を設立し、この会社が銀行からの借り入れをおこなった。

この融資平台には、地方政府が暗黙の債務保証をおこなっていると見られていたので、銀行は安心して貸し付けをおこなった。中流層（中間層）からも高利回りで資金を集めた。同時に、地方融資平台は、都市投資債券（城投債）を発行して資金調達をおこなった。城投債の発行残高は、二〇一二年には八九三八億九〇〇〇万元に達している。

銀行や中流層などの投資家の大量の資金がこの地方融資平台に集められ、ここを通じて、不動産開発業者のほか、採炭業者、太陽光パネル業者、鉄鉱石や銅などの商品に投資され、資産（住宅）バブルが続いたのだ。

長期化した住宅バブルの実態

リーマン・ショックによって住宅価格が暴落したが、住宅バブルの崩壊を防ぐために金融緩和や四兆元の内需拡大策などがとられると、とりわけ沿岸地域の主要都市の住宅価格が急騰し、バブル再燃の気配が見られるようになった。

二〇一一年の標準住宅（七〇平方メートル）の販売価格は、北京では平均年収の二二・三倍に、上海では同一五・九倍にのぼった（関志雄、前掲レポート）。

住宅バブルが激しくなれば、いずれ崩壊することは明らかであり、中国経済が壊滅的打撃を受ける。そこで二〇一〇年から、住宅需要の抑制策としては、住宅取得に対する融資規制と不動産関連税制の強化、住宅供給の拡大策としては、低所得者層を対象とした保障性住宅の建設促進などの政策がとられた。

こうした政策とともに、中国人民銀行が金融引き締めに転換したこともあって、七〇の大中都市の新築住宅販売価格の対前年同月比の上昇率は、二〇一二年三月から一〇ヵ月連続でマイナスとなった。

ただ住宅バブルをつぶし過ぎると、日本のように、銀行に大規模な不良債権が累積し、投資商品も減価し、その穴埋めに汲々《きゅうきゅう》とせざるを得なくなるし、住宅ローンを借りた人も借金返済を続けなければならないので、不況が長期化する。これが、いわゆる「バランスシート不況」といわれるものである。

したがって資産バブル崩壊不況では、消費者物価が著しく下落する、あるいはマイナスになる、すなわちデフレに陥ってしまうのだ。

そこで、住宅市場へのテコ入れのためにも、中国人民銀行は、新築住宅販売価格の上昇率がマイナスになって間もない二〇一二年の六月と七月に、政策金利の引き下げをおこなった。おかげで、二〇一三年一月からふたたび上昇に転じた。

二〇一三年五月には、七〇の大中都市の新築住宅販売価格の対前年同月比の上昇率は五・七％となった。北京は一五・二％、上海は一二・二％と、大幅な上昇を記録している。

シャドーバンキングの中身

さて、ここからは「シャドーバンキング」について述べたい。

シャドーバンキングが取り扱う金融商品としては、大きく分けて理財商品と信託商品のふたつがある。理財商品という場合、信託商品も含めていうことが多いようだ。

理財商品というのは、商業銀行が販売する資産運用商品。一般的に最低投資額は五万元で、期間は一ヵ月から一年と短期である。銀行の金利は先述のとおり、最高で年三・三％程度。一方、理財商品の予想利回りは年率四～六・五％であるが、一〇％あまりというものもある。運用先は、国債、金融債、企業債、中央銀行手形などだ。

理財商品は、預金とちがって当然ながら元本保証ではないので、銀行のバランスシートに掲載されることはない。シャドーバンキングといわれる所以《ゆえん》である。

次に、信託商品というのは、信託会社が販売する資産運用商品である。一般に最低投資額は一〇〇万元で、期間は一年以上、予想利回りは九％前後である。

運用先は、政府主導の基礎産業、商工企業、不動産業など。特に、不動産関連に対する貸出規制を回避するために、この信託会社を経由した迂回《うかい》融資が問題となっている。

四大国有銀行などの銀行の窓口で販売される理財商品は、二〇〇五年ころから登場し、リーマン・ショックが勃発して四兆元の景気対策がとられた二〇〇九年以降、急激に販売が増加した。そして、銀行などが、「保本保息」（元本保証と利子の保証）や「没有風険・穏定的産品」（リスクがなく、安定した商品）という売り文句で、積極的なセールスをおこなってきた。株の損失を取り戻すために購入を、という勧誘すらおこなわれた。

アメリカの資産バブル期に、資金の借り入れを勧誘するチラシが各家庭に頻繁に配布されたのとよく似ている。お金を借りて、金融商品を買いましょう、と。

中国から来た大学院生に聞くと、中国では、あちこちの銀行の前のショーケースに、さまざまな理財商品が陳列されていたという。

規模が不明のシャドーバンキング

銀行は、金融規制を回避するために、貸し出しに代わる手段としてシャドーバンキングを活用するようになった。それは、中国には、融資総額が預金総額の七五％を超えてはいけないという規制があるからだ。日本では、預貸率が低いと問題になっているが、中国では、むやみに融資を増やしてはいけないのである。

が、監督当局は、シャドーバンキングの正確な規模すら把握できていない。シャドーバンキングの規模拡大は、かなりのリスクをはらむものとなってきたことだけはまちがいない。シャドーバンキングを通じて、中流層（中間層）からのものを中心に、かなりの資金が、地方融資平台、不動産開発業者、資源を大量に消費する企業などに投資されてきた。ところが、これら企業は、莫大な損失をかかえている。

また、シャドーバンキングの資金源と金融業務は、正規の金融機関と複雑に絡《から》み合っていることもあって、そのさまざまなリスクが他の業界やマーケットに波及してしまう危険がある。特にシャドーバンキングは、銀行の顧客を取り込んで大量の資金を確保するため、銀行

図表1　中国経済全体で見た債務の総規模(2012年末)

	残高(兆元)	対GDP比(%)
企業部門（金融をのぞく）	58.7	113
政府部門	27.7	53
うち地方政府債務	19.9	38
家計部門	16.1	31
金融機関発行債券残高	9.1	18
合計	111.6	215

(資料)中国社会科学院
(出所)日本総合研究所「中国経済展望」2014年2月

の預金金利を大幅に上回る収益率を約束している場合が多い。

一部の小口貸付会社、質屋、信用保証会社など、シャドーバンキングの機能をになう非公式な金融機関は当局の監督下にないので、ルールとリスクを無視して、許可されていない業務も手掛けている。

景気の減速と資産（住宅）バブルの終焉が進むなかで、理財商品などの焦げ付きが多発すれば、中流層（中間層）を中心とする投資家が膨大な損失をこうむってしまうだろう。

ちなみに、経済全体で見た債務の総規模も決して小さなものではない。

二〇一二年末で、金融をのぞく企業部門（五八・七兆元）、政府部門（二七・七兆元、うち地方政府は一九・九兆元）、家計部門（一六・一兆元）、金融機関発行債券残高（九・一兆元）となっている。これらの合計は一一一兆六〇〇〇億元。対GDP比で二一五％となっている（図表1参照）。

ブルームバーグによれば、中国指導部が二〇一四年の経済成長率の目標を引き下げなかったことで、約二一五〇兆円の債務が膨れ上がり、近く、なんと二五〇〇兆円にも達するという……。

迫り来る理財商品のデフォルト

前述のように中国の四大国有銀行のひとつ中国銀行の李礼輝《りれいき》前行長は、「日本経済新聞」などのインタビューに応じ、二〇一四年三月、個人向け高利回り商品の理財商品について、「一部は債務不履行（デフォルト）を容認すべきだ」と述べた。

李前行長は、金融業界の代表の一人として、日本の国会に相当する全国人民代表大会の財政経済委員を務めている。中国金融業界の幹部が理財商品のデフォルトを容認する発言をしたのは、はじめてのことである。

しかも、シャドーバンキングの規模は約二〇兆元（約三四〇兆円）との推計を明らかにし、「一部の商品は問題がある」ことを認めた。

資産（住宅）バブルが終焉したにもかかわらず、政府や銀行は、経営困難に陥った企業を救済してきた。このことが中流層（中間層）を中心とする投資家のモラルハザード（倫理の欠如）を助長するばかりか、企業に安易な資金の調達をさせ、過剰投資につながってきた。「デフォルトは市場規律の回復につながる」のは事実であるが、李前行長は「救済できるものは救済し、救済できないものはしないという本来の原則に戻るべきだ」と述べている。

デフォルト懸念が高まるなかで、資金の流れも変調をきたしている。

中国人民銀行が発表した二〇一四年二月の社会融資総量は、九三八七億元と、前年同月比で一三一八億元、一二・三％も減少した。この総量というのは、一定期間に企業や個人など社会全体に供給されたマネーの規模を表す中国独自の指標であり、銀行融資のほか、債券や信託商品の新規発行などを含むものである。

こうしたことからして、デフォルトが続発すれば、深刻な信用収縮による金融システム不安をまねく可能性が高い。

中国の経済成長の「性格」

ところで、中国の高度経済成長は、膨大な貿易黒字とともに、異常ともいえる過剰な固定資本形成（投資）によって達成されたものである。こうした高度経済成長の結果、二〇一〇年には、名目国内総生産（ＧＤＰ）で日本を抜いて、アメリカに次ぐ世界第二位となった。

このように、中国の経済成長は、固定資本形成偏重という「性格」を有している。すなわち、固定資本形成は、対名目ＧＤＰ比で一九九〇年代半ば以降、三〇％を上回るようになり、二〇一二年には実に四六・一％と、ほぼ半分を占めるまでにいたったのである（六〇ページ、図表2参照）。

このような固定資本形成には、膨大《ぼうだい》な資金が必要とされたので、図表1で見たように、二〇一二年末で、経済全体の債務は一一一兆六〇〇〇億元まで膨れ上がり、対ＧＤＰ比で二一五％にも達している。

一般に、高成長を遂げる新興国というのは、投資比率が高くなるのであるが、歴史上、現状の中国ほど高まった国はない。ちなみに、タイでは、投資のＧＤＰ比率のピークは一九九一年であったが、それでも四一・六％であった。日本（一九七三年に三六・四％）やアメリカ（一九四三年に二三・二％）などは、そこまでは高くなかった（福本智之・武藤一郎「日銀レビュー」二〇一一年九月）。

図表2　中国の需要項目のGDP比

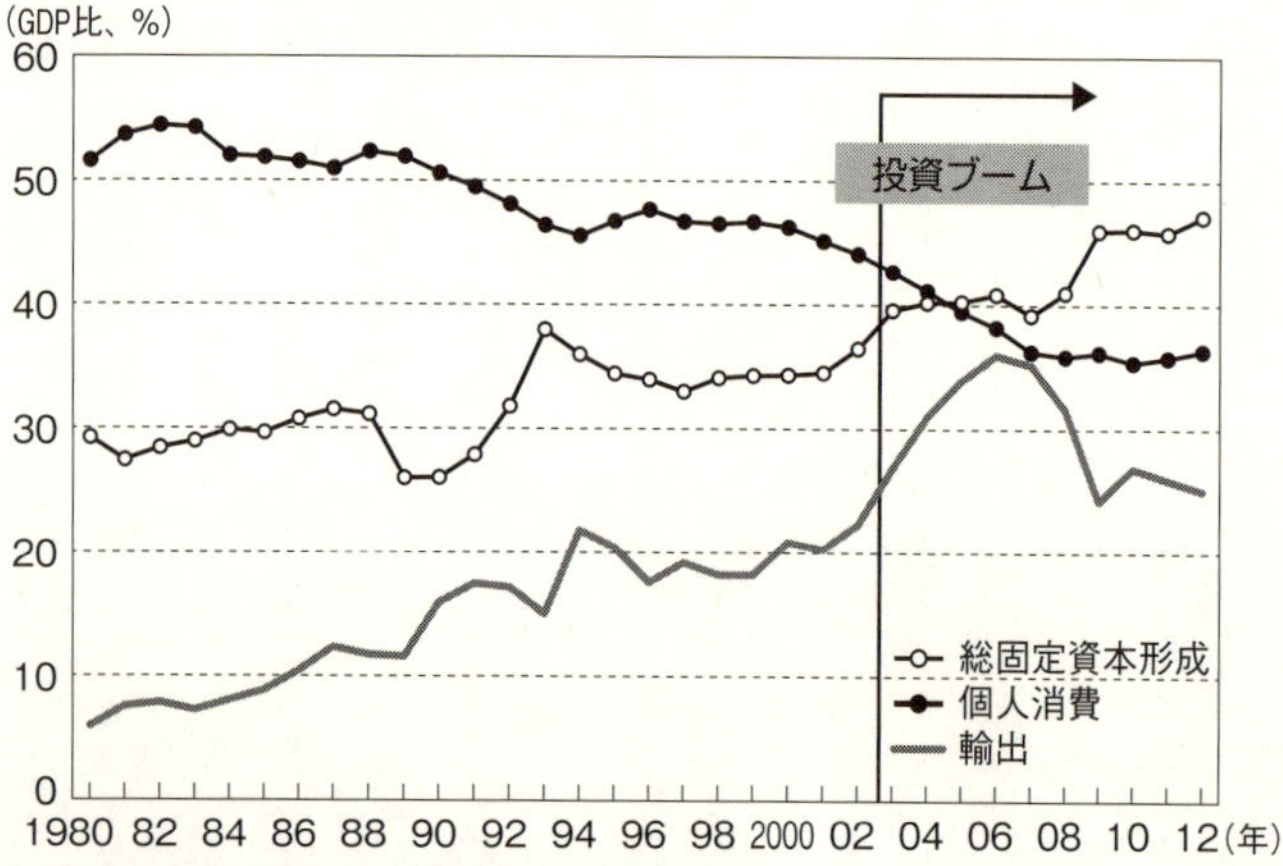

(資料)CEICより三菱東京UFJ銀行経済調査室作成
(出所)三菱東京UFJ銀行「経済レビュー」2013年9月9日

個人消費のGDP比も、中国では二〇一〇年に三三・八%と、極端に低い。

ちなみに各国で最も低かった数字を列挙すると、台湾の四七・二%(一九八六年)、韓国の四九・一%(一九八八年)、タイの五三・二%(一九九五年)などである。

アメリカの最低値は、一九四四年の四九・五%、日本は高度成長末期の一九七〇年に五二・三%であった。

中国のこのような極端な投資偏重の経済成長では、いずれつまずくことになるのは明らかであろう。

もちろん、中国政府もそのことはわかっていた。二〇〇六〜一〇年に実施された「第一次五ヵ年計画」で、投資の水準を合理的な水準に抑制し、個人消費の拡大による経済成長を政策課題として掲げていた。

ところが、二〇〇八年に発生した四川《しせん》大地震やリーマン・ショックへの対応で、かえって投資比率が高まることになってしまったのだ……。

個人消費が拡大しない限り

中国が現在の成長パターン、すなわち投資偏重による経済成長をあらためなければならないのには、次のような理由がある（福本智之・武藤一郎、前掲書）。

ひとつ目は、現在のような経済成長の方式では、家計が成長の便益を十分に享受できないこと。輸出と投資が経済成長を牽引《けんいん》してきたので、個人消費の比率が低くてもさしつかえないということなのかもしれないが、固定資本形成だけを増やしていくのは限界がある。世界経済の変調で輸出も減少してきている。

そのため、個人消費の比率を上げることができなければ、経済成長率を七・五％に維持することなどできない。それが難しいからこそ、軍事力の増強ということになるのであろう。

ふたつ目は、雇用の確保が十分におこなわれないことである。雇用創出力の低い資本集約的な産業から、サービス業などの労働集約的な産業にシフトしていかなければならないが、そのためには、個人消費の拡大によって、サービス産業を育成する必要がある。

三つ目は、資本ストックの過剰蓄積が生産性の伸びを抑制していること。鉄鋼、セメント、石炭化学などの分野で大規模な設備投資がおこなわれてきたので、これらの産業では、莫大な過剰生産能力をかかえている。そのため、生産性の伸びが抑制されることになった。

四つ目は、エネルギー効率の改善が難しいこと。投資偏重の経済成長では、相対的に多量の資源投入を必要とする。一単位のGDPを拡大するのに必要なエネルギーは、日本やアメリカなどよりもはるかに多い。

よって、産業構造の大転換と個人消費の拡大が不可欠である。

これらのことからわかるのは、要するに、経済成長の主導部門を、固定資本投資から個人消費に大転換させなければならない、ということである。

途轍もない過剰設備の鉄鋼会社

さて、全世界の粗鋼生産量に占める中国の比率は、二〇一三年八月に五〇・八%と、はじめて半分を超えた。それは、リーマン・ショック後にとられた四兆元規模の景気対策で、鉄鋼業界が積極的な設備投資をおこなったことによるものである。

中国の粗鋼生産能力は、二〇一二年に八億七三〇〇万トン、四年あまりで四割も増強された。生産設備能力をすべて稼働すれば、全世界の鉄鋼需要の六割あまりをまかなえるという、すさまじい規模である。

国内総生産（ＧＤＰ）を一％成長させるのに必要とされる鉄鋼消費量は、一九九六年には一〇〇〇万トンであったが、二〇一一年には七〇〇〇万トンあまりで、なんと七倍にも激増している。

中国の鉄鋼需要というのは、だいたい四億～五億トン程度といわれているので、過剰設備能力は、需要の倍という途轍《とてつ》もない規模になっている。

もちろん、中央政府は、二〇〇六～一〇年に七二二四万トン削減し、二〇一一～一五年に四八〇〇万トン削減する予定を立てた。しかし、設備の廃棄を進めてはいるものの、予定どおりには行っていない。にもかかわらず、二〇一四年三月に開催された全国人民代表大会では、さらに二七〇〇万トンの過剰設備が廃棄されることになった。

しかし実際は、それ以上の設備投資がおこなわれているので、設備過剰は、なかなか解消していない。過剰生産となれば、当然のことながら、鋼材価格が下落する。しかも、住宅市場の規制のほかに、家電や造船などの不振で、鋼材需要が落ち込んでいるのだ。

そのため、鉄鋼会社の経営状態もかなり悪化している。中国鋼鉄工業協会によれば、二〇一二年には、主要八〇社の税引き前利益は一五億八一〇〇万元と、前年比で九八・二%減少した。

中国の鉄鋼会社は、ひとにぎりの大手以外は中小鉄鋼業者で、全国に九〇〇社近くがひしめいている。雇用者数は三五〇万人超。中小鉄鋼業者は、地方政府の認可を受けると、ただちに製鉄所を建設するという。

というのも、経済の成長と雇用の拡大を重視する地方政府は、国有鉄鋼会社はもちろんのこと中小鉄鋼業者を支援し、金融機関は赤字でも鉄鋼会社に融資をするからである。

しかし、中小鉄鋼業者は、とうてい激しい競争に耐えられない。にもかかわらず、地方政府の有形・無形の支援があり、生き延びている。鉄鋼業界の構造的な設備過剰問題は、簡単には解消されないであろう。

石炭エネルギーが生む悲劇

さて中国は、一九七八年一二月の改革開放の開始から三〇年あまりの長期にわたって、年率一〇%前後のすさまじい高度経済成長を続けてきた。しかしながら、それは、地球環境などに配慮したものではなかった。というよりも、そんなことはできなかったのだ。

中国の高度経済成長は、外資の導入、外国企業の委託加工、中国企業の旺盛な経済活動によって達成されたのであるが、中国企業はもちろん外資に対しても、厳しい環境規制など、できるはずもなかった。

低コストで生産し、高い利潤をあげられることが確信できなければ、外資は中国には参入しない。そもそも日本の高度経済成長期でも、ましてやイギリスの産業革命のときも、地球環境に配慮することなど、ほとんどなかった。実際、日本で、一九七〇年代初頭に高度経済成長が終息すると、すでに環境破壊はすさまじいものになっていた。

地球環境に配慮できるようになったのは、高度経済成長の過程で企業の経営体質が強化され、コスト負担に耐えられるようになったからである。そうすると、あらたに環境ビジネスが生まれ、そのおかげで日本の地球環境保全技術が飛躍的に高まった。

中国と違って、「運よく」というと語弊《ごへい》があるが、日本は、高度経済成長の過程でアメリカの要請もあり、石炭から石油へのエネルギーの大転換を実現した。ところが、イギリスの産業革命と中国の高度経済成長では、石炭がエネルギーの中心を占め続けた。イギリスは深刻なスモッグに見舞われたし、現代の中国は、ＰＭ2.5による大気汚染で、人間の命も危うくなっている。

世界最大の二酸化炭素排出国で

国際エネルギー機関（ＩＥＡ）によれば、中国は、二〇〇七年にアメリカを抜いて、世界最大の二酸化炭素排出国となった。中国は発展途上国だということで、地球温暖化防止条約での二酸化炭素の排出削減義務を免除されている。

かつて、黄砂《こうさ》が九州に飛んできていた。それがいまでは、関東地方や東北地方まで飛来するようになった。中国で地下水の汲《く》み上げにより、すさまじい砂漠化が進んでいるからだ。

高度経済成長の過程で、企業は、大気、河川、海に、産業廃棄物を垂れ流してきた。以前ほどではないだろうが、いまでも垂れ流しは続いている。たとえば、中国名物の上海蟹なども、かなり汚染されているといわれる。

食品添加物、あるいは農薬や化学肥料などに対する規制も、日本と比べて、かなりゆるくなっている。わたしの知っている中国人も、中国の粉ミルクは信用できないので、日本に来たときに粉ミルクを大量に買って帰るといっていた。

そんな中国で、特に深刻化しているのが大気汚染である。

二〇一三年一月九～一一日の三日間に、北京市を襲ったスモッグは、特に深刻であった。大気汚染を示す微小粒子状物質（ＰＭ2.5）の観測値が、史上最高、一立方メートル当たり九〇〇マイクログラムに達したのである。大気質指数は一級から六級まであるが、最悪値の六級（厳重汚染）を記録した。

ＰＭ2.5やＰＭ10は、北京市だけではなく、中国全土で極めて深刻化している。このような中国での環境汚染の広がりは、さまざまな問題を引き起こしている。

そのため、二〇一四年三月に開催された全国人民代表大会では、一四年度に小型石炭ボイラー五万台、旧型車六〇〇万台を廃棄し、全国で国家第四段階基準に適合する自動車用軽油が提供されることになった。

このような環境対策は必要なことであるが、産業・経済構造の大転換がなされなければ、環境汚染は根本的に解決されることはない。

世界の肝臓がんの半分は中国人

また、世界保健機関の傘下にある国際がん研究機関がまとめた「世界がん報告」には、中国の環境汚染の戦慄《せんりつ》すべき実態が示されている。

同報告書によれば、中国は、肺、胃、肝臓、食道の四つのがんの発症数、死者数が世界一であった。

二〇一二年に肺がんにかかった人は、全世界で一八二万人であったが、そのうち中国人は実に六五万人であった。なんと世界の三五・八％、三分の一である。人口比では、中国は世界の一九％程度なので、比率で見ても、肺がんにかかった人が多いのは事実だ。

同機関は、二〇二五年には、中国の肺がんの発症数が、一〇〇万人にも迫ると試算している。その肺がんの原因である喫煙者数は、なんと三億五〇〇〇万人……日常的に副流煙にさらされる国民の割合は七割を超えるといわれるので、これが肺がん発症の主因であることはまちがいなかろう。

とはいえ、中国の大気汚染は、二〇世紀の終わりころから劇的に悪化し、少し遅れて肺がんも上昇しはじめたので、喫煙と並んで大きな要因となっているといえよう。二〇一三年一一月に北京で開催された第六回中国肺がん南北ハイエンドフォーラムによれば、この三〇年間に、肺がんの死亡率は四・六五倍になっている。

いま話題のＰＭ2.5は、二〇一三年あたりから深刻化したものなので、今後、中国政府が排ガスの抜本的な排出規制を断行しなければ、肺がんは、世界保健機関の予測を超えて激増するであろう。

また肝臓がんの発症数は、肺がんを超えて全世界の発症数の五〇・五%、なんと半分以上である。これは、おそらく危険で有害な食品添加物、あるいは農薬や化学肥料などの大量使用によるものであろう……。

PM2.5はどうなる?

地球温暖化防止条約の適用を免れてきたさしもの中国も、二〇一一年に制定された第一二次五ヵ年計画(二〇一一〜一五年)で、はじめてGDP一単位あたりの二酸化炭素の排出量を、二〇一一年から一五年にかけて一七%削減するという目標を定めた。

とはいえ、五年間でGDPは四割くらい増える目標となっているので、二酸化炭素の排出量は、五年間で二二%も増えてしまう。これでは、地球温暖化を防止することには、ほとんど役に立たない。

二〇一四年二月になると、中国政府は、深刻化する微小粒子状物質(PM2.5)などによる大気汚染対策のため、一〇〇億元(約一七〇〇億円)の特別資金を拠出することを決定した。この特別資金は、大気汚染対策で成果をあげた地方政府の財政支援として拠出されることになっている。

二〇一四年三月に開催された全国人民代表大会でも環境対策をとることが決められた。深刻化する大気汚染に対処するために、中国環境保護省の呉暁青《ごぎょうせい》次官は、二〇一四年三月の記者会見で、二〇一三年九月にまとめた大気汚染への総合対策である「大気汚染防止行動計画」の具体化策を公表した。

ここで、中央・地方政府や企業など社会全体で、二〇一七年までの五年間に、大気汚染防止のため一兆七〇〇〇億元（約二九兆円）が投入されることになった。政府当局者が対策費の規模を明示したのは、はじめてのことである。

呉次官は記者会見で、PM2.5を定点観測した主要七四都市のうち、環境基準（年平均で一立方メートルあたり三五マイクログラム）を満たしたのは、わずか三都市であることを公表した。ただ、この計画を実行すると、都市部でのPM2.5の濃度を、二〇一七年までに、一二年比で一〇％以上削減することができるとされている……。

抜本的な環境汚染対策をおこなおうとすれば、地球環境保全のために経済・産業構造を根本的に転換しなければならない。現状の日本でもなかなか難しいことを、中国ができるとは、とうてい思えない。

第三章　軍事費を上回る治安維持費の罠

腐敗の撲滅なしに経済成長なし

中国での政治腐敗の類型は三つに大別される。

ひとつ目は、政府購入やプロジェクト請負に関わる腐敗、ふたつ目は、土地取引や不動産開発に関わる腐敗、三つ目は、組織や人事に関わる腐敗である（加藤弘之『曖昧な制度としての中国型資本主義』NTT出版、二〇一三年）。

たとえば、二〇一二年一〇月二六日付の「ニューヨークタイムズ」は、温家宝《おんかほう》前首相の親族が合計二七億ドル（約二七〇〇億円）の蓄財をしたと報じた。中国において政治腐敗が深刻化しているのはまちがいない。

一部の官僚や政治家が得る巨額の賄賂《わいろ》などは、国民の政治に対する不満の大きな原因のひとつであるが、問題は、この腐敗・汚職による経済的損失が巨大なものであるということなのだ。

古い数字だが、一九九〇年代の後半に、政治腐敗がもたらした経済的損失は、九九五〇億元から一兆二六七〇億元（約一七兆円から二二兆円）にものぼり、GDP比で一三・三％から一六・九％を占めるという。これとて、ほんの一部であろう。

このとてつもない資金が、労働者や農民や庶民の生活水準の向上や地域格差の是正などに振り向けられるならば、中国経済は、固定資本投資によってではなく、個人消費が主導する内需拡大型の経済成長に転換することができるだろう。

そのためにも、政治腐敗の撲滅が不可欠となっているのである。

「最終的には必ず党と国が滅ぶ」

社会の安定を目指すために、中国の指導部は、一九八〇年代から腐敗の撲滅と清廉《せいれん》な政治をスローガンに掲げ、宣伝、教育、取り締まりを強化してきた（関志雄『中国　二つの罠《わな》』日本経済新聞出版社、二〇一三年）。

中国共産党の胡錦濤《こきんとう》前総書記は、二〇一二年一一月に開催された第一八回党大会で、次のように訴えた。

「確固不動として腐敗に反対し、共産党員の清廉潔白な政治的本質を永遠に保つことに向けて、腐敗反対・清廉潔白提唱のキャンペーンの手を緩めることなく繰り広げ、腐敗阻止・変質防止を図るには、警鐘《けいしょう》を打ち鳴らし続けなければならない。

中国の特色ある腐敗反対・清廉潔白提唱の道を堅持し、病因と症状を共に処置し、総合対策や措置《そち》を講じ、懲罰と予防に同時に力を入れ、予防を重視するという方針を堅持して、腐敗に対する懲罰・予防システムの整備を全面的に推し進め、清廉公正な幹部、清廉潔白な政府、明朗な政治を育て上げなければならない」

同大会で選出された習近平《しゅうきんぺい》総書記は、就任早々、深刻化する幹部の腐敗に触れて、「物が腐れば、後に虫が湧く」として、次のように述べている。

「近年、一部の国では長期的に累積した矛盾《むじゅん》で民衆の怒りが世間に満ちあふれ、社会が混乱し、政権は崩壊したが、腐敗もその一因である」

習総書記は、「近年、党内で起きた重大な違法案件は驚くほど悪質で、政治への悪影響が深刻である」ので、徹底的に腐敗撲滅に取り組むと述べた。さもなければ、「最終的には必ず党と国が滅ぶ」と危機感を顕わにした。

お役人の「三公消費」とは何か

こうした中国の指導部による腐敗反対・清廉潔白のキャンペーンの一環なのか、二〇一三年一月、春節《しゅんせつ》が迫るなかで、中国の中央テレビ局・中央電視台は、連日のように節約を呼びかける特別番組を組んだ。

外国人が中国に行くと、金持ちや成功者が接待するのが一般的であるという。そして、中国で接待されると、テーブルに大量の料理が並ぶ。もったいないと思って食べると、あとからあとから料理が出てくる。食べきれないほど料理を出すのが歓待の証《あかし》だから、ということのようだ。

このような接待が日常茶飯事《にちじょうさはんじ》なので、当然のことながら、大量の料理が食べ残されて捨てられる。統計によれば、毎年捨てられる料理は、なんと二億人の国民を一年間食べさせていくことができるほどの分量だという。

にわかには信じがたい数字であるが、日本でも、食べ残しは年間の漁獲量に匹敵するほどだといわれるので、あながちあり得ない数字ではない。

貧困層が四億人いるといわれる中国で、食べ残しの「共犯」となっているわたしなどは、四億人の中国の人々に悪いと思ってしまう。

こんな深刻な状況なので、前政権から節約が呼びかけられている。

中国政府は、二〇一一年三月、九八の中央行政省庁系列に「三公消費」を公開するように命令した。「三公」というのは、公務員の使う「海外出張費」「公用車購入・維持費」「接待費」である。

しかしながら、なかなかすべては公開されていないようである。三公消費は、全国で、なんと九〇〇〇億元（一五兆三〇〇〇億円）にも及ぶのではないかといわれる。

資本主義経済では、どれだけ食べ物が捨てられようと、食料が売れて、料理として提供され、お金が支払われれば、国内総生産（ＧＤＰ）は拡大する。捨てれば捨てるほど、経済が成長する。資本主義というのは、なんとも、おかしな制度である。

「社会主義市場経済」下の中国の三公消費も、当然のことながら、ＧＤＰを押し上げる。

ところが習近平国家主席は、官僚や政治家の高級料理店での美食を禁じた。自腹でなければ食べ物を粗末にしてしまう。かつて、東京大学の卒業式で「タダ酒を飲むな」という名文句を吐いた総長がいたが、習主席は、このことをいいたいのかもしれない。

おかげで、もっぱら官僚や政治家しか使わない高級中華料理店では閑古鳥《かんこどり》が鳴いている。お客さんが来ないので、いまは庶民のための安価な料理を提供しているのだ。

かつて、日本で地方自治体による国への「官官接待」が禁止されたが、地方経済が疲弊《ひへい》すると大騒ぎになった。庶民が血を流す思いで稼いで支払うから血税というのであるが、これで飲み食いするなど、とんでもない、と。

わたしが長崎大学に赴任したときも、高級クラブなどが軒並み閉店に追い込まれたという話を聞いたことがある。しかし、わたしたちに無縁のお店がなくなっても、生活にはなんの支障もなかった。

二億人分の食料と九〇〇〇億元という途方もないお金が、四億人ともいわれる低所得者に振り向けられるならば、中国も内需拡大型の経済成長に転換できるかもしれない。

習近平の親族も不正蓄財か

日本の最高検察庁に当たる中国最高人民検察院は、二〇一四年三月一〇日、全国人民代表大会（国会）で、二〇一三年に収賄《しゅうわい》などで摘発された公務員が前年比で八・四％増加し、五万一三〇六人であったことを明らかにした。

汚職の摘発件数の約七％に当たる二五八一件は、一〇〇万元（約一七〇〇万円）以上の金銭のからむ収賄や横領であった。高級官僚は、汚職で得た資金を親族の名義で外国に移すという方法で、不正に蓄財しているケースが多い。

こうしたことから、二〇一四年は、「大きな権限を持つ国有企業における職権乱用にメスを入れる」ことになった。特に利権の温床といわれている「鉄道」「電力」「石油」「通信」分野の不正を摘発するという。

習近平《しゅうきんぺい》国家主席は、主席に就任する直前の二〇一三年一月、「虎（大物）もハエ（小物）も一緒にたたく」として、反腐敗運動を自らの政権の柱に位置付けると宣言した。そして、それまで見て見ぬふりをしてきた地方政府の中堅官僚の汚職を、相次いで摘発するようになった。

中国の三重苦の克服、また経済・地域間格差の是正、大気汚染の改善や安全な食品の提供といった庶民が不満を持つ諸問題は、ただちには解決することはできない。経済・産業構造の抜本的な改革が不可欠だからである。

一方、手っ取り早くできるのは汚職の摘発。しかも、権力基盤が弱いといわれる習主席にとって、庶民の反発の強い官僚や政治家の汚職を摘発すれば、支持も高まる。

ところが、官僚や政治家の汚職を摘発し過ぎると、権力基盤の弱い習国家主席の足元が揺らぐ可能性がある。中国共産党大会（第一八回）の始まる数ヵ月前には、習国家主席の親族による過去の不正蓄財の話が流布された。

庶民の不満に応え、汚職の徹底的な摘発をおこない、それを絶滅するのは、かなり難しいことであろう。

和諧社会の本質とは

胡錦濤前国家主席は、「調和のとれた社会（＝和諧《わかい》社会）」の実現を政策目標として掲げた。それは、「民主的法治と公平と正義を尊び、誠実と信用を守り、友愛に満ち、活力に溢れ、安定して秩序があり、人と自然が調和した共生する社会」である。

二〇〇六年一〇月に開催された中国共産党の会議では、「調和のとれた社会」を構築するために、二〇二〇年までの目標が掲げられた。その指導方針となる科学的発展とは、人間本位ということを基軸にしながら、全面的で調和のとれた持続可能な発展を目指す、ということである（関志雄、前掲書）。

「人間本位」とは、発展の目的がＧＤＰの成長という量的拡大だけでなく、国民の生活水準の向上にあるということ。「全面的」とは、経済だけでなく、社会、政治、文化、環境にも配慮するということである。

また、「調和」というのは、各分野の改革が相互に結び付き、促進し合うということ。「持続可能」とは、現在の世代の利益だけでなく、将来世代の利益にも配慮するということである。

しかし、このように調和のとれた社会を目標として経済政策が遂行されたかというと、その後の推移を見れば、そうとはいえない。

中国の成長が止まる深刻な兆候

中国政府は、強大な許認可権をにぎっているので、一部の官僚や政治家は、認可の付与に当たって日常的に賄賂を要求する。彼らは膨大な富を蓄積できるのだ。そして、中国国内に蓄財すると、いつ没収されるかわからないので、外国に持ち出す。いつでも国外に逃亡できるように準備しているのである。

一方の労働者のあいだには、格差が広がってきた。

中国国民は、一九五八年から農業戸籍を持つ人と非農業戸籍（いわゆる都市戸籍）を持つ人に分けられている。農業戸籍を持つ人は、自由に都市部に居住することはできず、暫定的《ざんてい》に住むことしか許されない。

農業戸籍を持つ人が都市に出稼ぎに行くのだが、これを農民工と呼ぶ。その数は、実に、二億六〇〇〇万人ともいわれている。

農民工は、雇用機会が制限され、低賃金と長時間労働という劣悪な条件のもとで働かされている。社会保障も受けることができない。所得も極めて低く、貧困層に属する。

図表3　中国の平均賃金

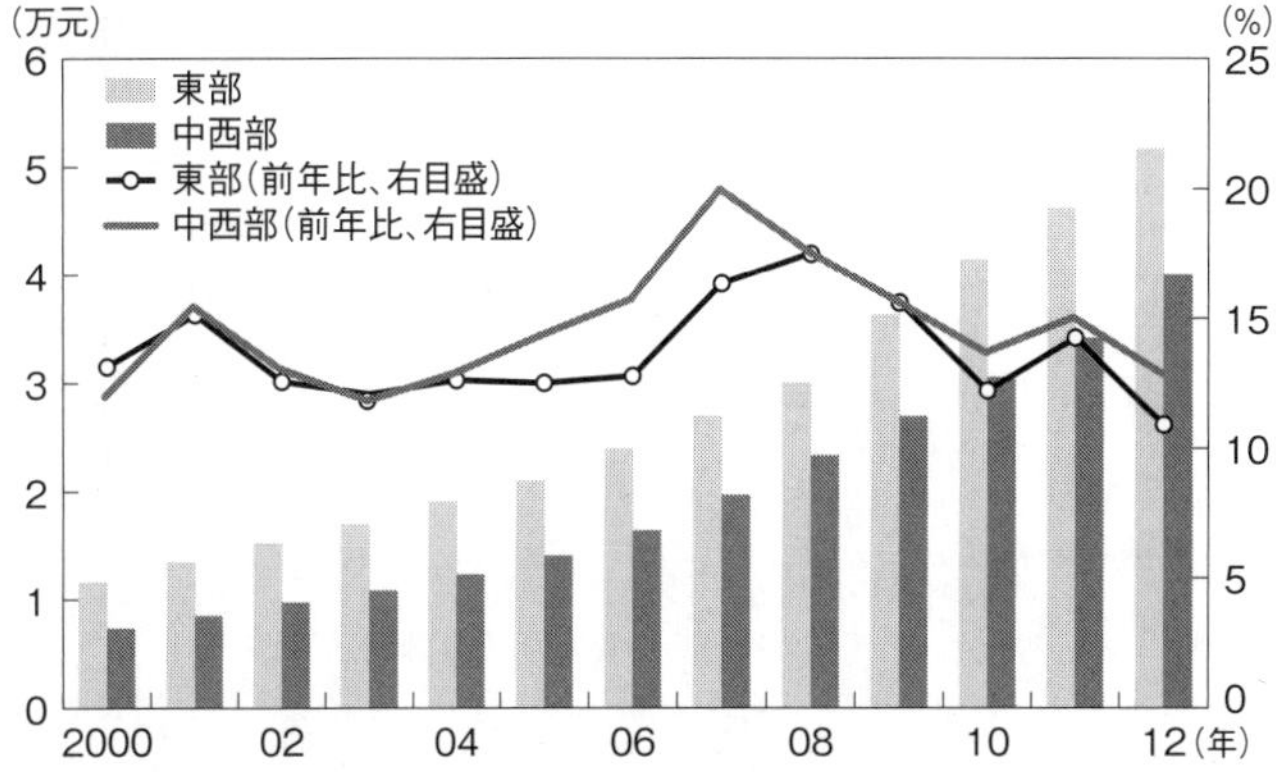

(注)都市部登記企業の就業者、2012年時点で1億5236万人が対象
(資料)中国国家統計局を基に日本総合研究所作成
(出所)日本総合研究所「アジア・マンスリー」2014年3月1日

さらに、地域間格差も広がってきた。外国貿易によって経済成長を促進する政策がとられてきたので、沿岸部でのみ経済成長が促進され、内陸部の発展は相対的に遅れているのだ。

ところが高度経済成長にともなって、東部・沿岸部の賃金水準と土地使用権の価格が高騰し、外資系企業は東部（沿岸部）から中西部（内陸部）に生産拠点を移動した（図表3参照）。

おかげで、二〇〇七年以降、中西部の経済成長率が東部を上回るようになったが、この逆転現象は、中国経済の成長が止まる深刻な兆候であることを、ここで強調しておかなければならない。

軍事費を上回る治安維持費の危険

中国では、官僚や政治家の腐敗、経済・地域間格差の拡大、環境汚染による生命・健康への被害などによって、国民の不満は著しく高まっている。

そのため、社会的混乱につながりかねない抗議行動は、一九九三年の八七〇〇件から、二〇一〇年には九万件と激増。もちろん、この数字をはるかに上回るという推計値もある。

地方政府による強引な土地の取り上げなどへの抗議行動が、あちこちで発生しているが、こうしたことや少数民族の分離・独立運動などが激増しているのだ。そのため、治安維持費予算は、二〇一三年度で七六九〇億八〇〇〇万元と、三年連続で軍事費を上回っている。

二〇一四年四月には、習近平国家主席が自らトップとなる中央国家安全委員会をスタートし、国内の治安対策を軸に対策を講じてきたが、四月末と五月下旬には新疆ウイグル自治区のウルムチで、大規模なテロ事件が起こった。それぞれ習国家主席が同委員会の幹部とともに新疆を視察した直後、そして上海で行われたCICA（アジア相互協力信頼醸成会議）で習国家主席がロシアをはじめアジア諸国とテロに対する戦いを宣言した直後のことだった。

そのため、鳴り物入りでスタートした同委員会は張り子の虎ではないかと疑問視する声が、中国共産党内にも、そして国民のあいだにも広がっている。

また、環境汚染反対闘争などが、インターネットや携帯電話によって呼びかけられている。そのため習近平国家主席は、二〇一二年一二月、インターネットの規制による言論統制を打ち出した。「インターネットは世論闘争の主戦場になった」として、さらなる規制を訴えたのだ。

たとえば、ネット監視ソフトを使って、インターネット上から体制側のマイナス情報や書き込みを見つけて報告する国家認定の職業、「ネット世情分析師」が、全国に二〇〇万人も存在するという。政府の方針にしたがって、それに沿った世論誘導をおこない報酬を受けるネット評論員も、一〇万〜三〇万人もいるのではないかといわれる。

この両者を合わせると、まったくの偶然であろうが、中国人民解放軍の常備軍二三〇万人とほぼ同じである……。

こうした施策をとる中国政府が怖れているのは、おそらく資産（住宅）バブル崩壊による理財商品や信託商品などの債務不履行（デフォルト）であろう。

というのも、この金融商品に投資しているのは、三億人前後といわれる中流層（中間層）である。この中流層が政府に反旗をひるがえせば、労働者や農民に鬱積《うっせき》している政府への反感が合流し、おそらく、中国国家が崩壊しかねないほどの危機に見舞われるからだ。

毛沢東研究が禁止された理由

二〇一四年一月、中国共産党の中央宣伝部は、大学や研究機関に対して、元国家主席の毛《もう》沢東《たくとう》に関するすべての研究や討論会の開催などを中止するよう通知した。なぜか——。

毛沢東生誕一二〇年の二〇一三年一二月二六日には、出身地の湖南省《こなんしょう》韶山《しょうざん》に一〇万人以上の人々が集まって、祝賀のため銅像に献花したり、肖像画を掲げて広場を行進するなどしたが、この通知は、この記念日のあとに出されたのではないかといわれている。

中国国内では、貧富の差の拡大など社会的矛盾が噴き出してきており、人々が、貧しいながらも皆、平等であった、毛沢東時代を賛美する風潮が高まっている。

等しく貧しかった時代を懐かしむ風潮が広く浸透し、人々が毛沢東時代を支持するような動きが強まれば、それは習近平政権への批判に転化しかねない……。

この中止通知は、中国政府直属のシンクタンクである中国社会科学院の研究者が明らかにしたものである。中国指導部は、経済格差の拡大に対し、相当神経を使っているということなのであろう。

第四章　軍事力が成長を止めるメカニズム

二〇三〇年の中国経済はどうなる

世界銀行と中国国務院発展研究センターは、二〇一二年二月に、共同リポート「チャイナ2030（二〇三〇年の中国）」を公表した。

レポートは、中国はこれから中所得国から高所得国に移行していくことは可能であるが、労働コストの上昇などにともなって国際競争力が低下して経済成長力が失われる「中所得国の罠《わな》」に陥らないように、構造改革を進める必要があると述べている。

そして、構造改革を怠れば経済成長が急激に減速し、財政危機や金融危機を招来する怖れがあると警告を発しているのだ。ここでは、政府や国有企業の役割を見直し、民間が経済を主導し、市場メカニズムを活用する経済システムへの転換が必要だと強調している。

具体的には、土地改革、労働改革、貧富の差を是正するための社会保障の整備、財政の地方分権など、六つの分野で改革に取り組むように提言している。

このように「チャイナ2030」は、これからの中国経済について楽観的には見ていない。

避けられない課題としては、ひとつ目は農業から工業への就業人口の移動の停止、ふたつ目は人口問題と高齢化、三つ目は外国からの技術導入の縮小、などを挙げている。

これらの課題は経済成長の制約になっており、抜本的な対策をとらなければ、経済成長率が大きく低下することは避けられない。それを回避しようとすれば、生産性の上昇率を高くしなければならない。

そのためには、自前の科学・技術開発をさらに強化していく必要がある。同時に、「資源ガブ飲み」ともいわれる資源の浪費体質からも脱却しなければならない。絶望的に低いエネルギー効率を抜本的に引き上げることが急務なのである。

ここで必要なのは、研究開発費を増額していくことはもちろんであるが、国家や国有企業が主導する経済システムを改めて、民間の自由な発想を活かしていかなければならないということだ。

これまでの中国の高度経済成長がそうであったように、欧米や日本にキャッチアップするという時代には、目標がはっきりしていたので、国家主導の産業政策が有効に機能した。国家資本主義と呼ばれた所以《ゆえん》である。

ところが、目標とするものがなくなると、民間企業による熾烈《しれつ》な競争と市場メカニズムの機能によって、新産業、新製品、新サービスが次々と生み出されるようなシステムを構築しなければならなくなる。

そのためには、政府は、従来の役割から脱皮することが求められる。政府は、有形のモノを提供するという役割が終わり、システムやルールなど、無形の社会資産を提供することが求められているのだ。

国有企業の改革も不可欠である。というのは、効率がよくない国有企業のシェアが高く、民間経済の発達を阻害しているからだ。ヒト、モノ、カネを国家の管理から解放し、市場メカニズムに委《ゆだ》ねることが絶対に必要なのである。

再び革命が勃発しなければ中国は

抜本的な改革は、まだ相対的に経済成長率が高く、外貨準備も潤沢《じゅんたく》で、本格的な高齢化に至る前に、着手しなければならない。しかしながら、経済・産業構造の大改革には抵抗が付き物であり、特に中国では、強烈な抵抗が予想される。

ひとつ目の問題は、最大の抵抗勢力、すなわち既得権を持っている人たちをどうするかである。たとえば、基幹産業など特定のマーケットで独占的な地位を確保している国有企業、あるいは特権的な扱いを受けている団体や個人である。これらの人々は、政策決定者とも特別な関係にあり、政治力も極めて強い。

この岩盤を突き崩すには、政治的な勇気、やり遂げる決心、目的の明晰《めいせき》さ、政府トップレベルの強力なリーダーシップが不可欠である。しかしながら、こんなことは再び革命でも勃発しなければ不可能であろう。

ふたつ目の問題は、長期的にはメリットが得られても、短期的にはデメリットをこうむるグループをどうするかである。たとえば、戸籍管理制度の改革が挙げられる。この改革は、長期的には国民全体の利益になるはずであるが、現在、都市戸籍を保有している人は、改革によって現在の地位を失うことを怖れて抵抗するかもしれない。また、特権的地位にある企業に勤務する従業員たちは、国有企業の改革には頑強に抵抗するであろう。あるいは、地方政府が地元の利益を優先し、国家的な利益をそこなうこともあるだろう。

三つ目の問題は、現在、直面している問題を過去の改革の弊害《へいがい》と主張する人たちをどうするかである。たとえば、地球環境の悪化の原因を、環境規制の不徹底や不備ではなく、市場メカニズムのせいだと主張するような人々である。こうした人々の主張が、世論に強い影響を与えている可能性があるので厄介《やっかい》だ。

中国経済に残されたのは軍拡だけ

かつて、「日米欧の最先端の技術を獲得するために外資を導入する」として、既得権集団の代表たる国有企業を納得させたのは例外的である。ただ国有企業には、軍事産業、鉄鋼業、石炭業など、競争のない基幹産業を任せたので、なんとか生き延びることができた。

また委託加工を受け入れ、外資を導入することによって、中国は大規模な輸出をテコに高度経済成長を実現し、独占的な国有企業には高い収益を確保させてきた。

二〇〇八年にリーマン・ショックが起こったときには、四兆元（約六五兆円）もの経済対策によって、国全体も国有企業も高度経済成長を続けることができた。

ただ、この経済対策で固定資本投資主導の経済成長が進むとともに、とりわけ住宅価格が高騰した。こうして住宅バブルが激しくなると、理財商品などの金融商品が大量に販売されることになったのだ。

続いて二〇一〇年、欧州債務危機が勃発したときには、新興諸国の経済成長が減速するとともに、中国の輸出も減少していった。その結果、年率一〇％の経済成長という時代が終焉したのだ。二〇一三年も一四年も経済成長率の目標は七・五％。その実績は、二〇一三年に七・七％であった。そして二〇一四年一－三月期は、七・四％に低下した。

しかし、中国で経済成長率が七％を割り込んでしまうと、経済が縮小していき、新規雇用者が減り、失業率が上昇していく。そればかりか、消費者物価上昇率がマイナス、すなわち日本のように、デフレに陥る可能性もある。

実際、中国国家統計局が二〇一四年五月に発表した四月の消費者物価指数は、前年同期比で一・八％の上昇……食品価格が安定し、上昇幅は二〇一三年一月以来の低い水準となっている。

さらに深刻な問題は、銀行を通さないシャドーバンキングの規模が、最大の推定によれば、GDPの規模にまで膨れ上がっていることである。

資産（住宅）バブルが終焉するなかで、シャドーバンキングの崩壊はもはや時間の問題となっている。もしもシャドーバンキングが崩壊すれば、中国経済は壊滅的打撃を受けることになる。

ここで、中国政府が抜本的な構造改革を断行せず、それを阻止するとすれば、道は、たったひとつしか残されていない……すなわち、さらなる軍備の増強によって、七・五％程度、最低でも七％という経済成長を維持する、ということである。

すると、その冷厳たる帰結は、戦争という悲劇に他ならない――。

経済成長を促さない軍需産業

さて、消費財と違い、軍需品、特に兵器の顧客は、もっぱら国家である。いくら大金持ちでも、海賊対策のために軍艦を買おうとしても、誰も売ってくれない。戦車がほしい、戦闘機がほしい、といっても買うことはできない。

したがって、軍需生産というのは、金持ちが購入する民生用の贅沢品《ぜいたくひん》（奢侈品《しゃしひん》）と、経済学的にはほとんど同じなのである。

国家が購入者なので、平時での兵器・軍需品は、国家予算の軍事費の範囲内で発注される。もちろん軍需品を生産するには、大規模な生産設備が必要であるし、鉄鋼や電機のほか、さまざまな財を購入しなければならない。労働者も雇う。そのかぎりでは、経済成長に寄与するであろう。

ところが兵器・軍需品は、国家の軍事費の範囲内で発注されるので、軍需企業が利益拡大のために大量生産する、というわけにはいかない。しかも兵器の生産には、民生品とちがって極めて高い精度を要求される。砲弾が敵に当たらなかったり、相手よりも射程が短ければ、戦争に勝てないのである。

したがって、兵器・軍需品生産には、そのときどきの最先端の科学技術が必要とされる。そして、その軍事技術が民生品の生産に少しずつ転用されていくのだ。

こうして、民生品のプロダクト（プロセス）・イノベーションが進むというメリットはある。その典型は、アメリカ国防総省がコンピュータ同士の通信用に開発したインターネットを代表とする、ＩＴ革命の進行である。

しかし、兵器・軍需品の消費拡大によって高成長を遂げようとすれば、戦争ないしは準戦時体制の構築が必要となる。要は、軍需品の消費制限を克服するには、戦争で兵器や弾薬などをどんどん使うしかない、ということである。

または、第一次世界大戦時の日本や第二次世界大戦時のアメリカのように、直接の戦場にならず、もっぱら交戦国の戦場に、軍需品、兵器、弾薬などを提供するのであれば、空前の好景気が訪れる。

ところが、戦争が終結してしまうと、兵器・軍需品の消費が突如として止まってしまうので、すさまじい規模の過剰設備が残り、恐慌状態に陥ってしまうのだ。ただし、それは戦勝国の悩みである。敗戦国は、経済ばかりか、へたをすれば国家までが崩壊してしまうからだ。

歴史上、大規模な軍拡をおこなった第二次世界大戦前の日本とナチス・ドイツ、戦後の冷戦を戦った旧ソ連とアメリカのうち、「無傷」でいまでも生き延びているのは、ただひとつ、アメリカだけである。

戦前の日本もナチス・ドイツも軍拡の必然的帰結は戦争であり、敗戦によって国家そのものが崩壊した。冷戦下でのソ連は、アメリカとの軍拡競争に敗れ、一九九一年に崩壊、ソビエト連邦という国家そのものが消滅した。

日本の軍需産業が果たした役割

戦前の日本は、軍需産業中心という、およそ一国の再生産構造としては極めて歪《いびつ》なかたちをとったが、ただでさえ狭い国土のうえに存在する国内のマーケットは、極めて狭小であった。

国際競争力のある重化学工業は、ほとんどなきに等しかったので、外国に売れる工業製品もほとんどなかった。

外国に製品を輸出して外貨を稼がなければ、軍需産業に必要な機械などを購入することなどできない。そこで、外国に売れる数少ない製品であった絹を輸出し、貴重な外貨を稼いだ。二〇一四年に世界遺産として登録された富岡製糸場などは、その最たる例である。

財閥は、政治家や軍部の支援を受けて、軍需産業だけでなく、レベルの低い重化学工業や繊維産業などをも担った。しかし、国際競争力のある先端産業を構築することなどできるはずもなかった。

都市には、ほとんどまともな産業がなかったので、人々は都市雑業層といわれ、貧困のもとに置かれていた。日本では、ほんのひと握りの財閥家族と寄生地主が、軍部とともに支配階級を形成していたのだ。

再生産構造も歪で、その基幹産業は軍需産業。ほとんどの国民は、絶望的な貧困のもとに置かれていた。

ただでさえ国土の狭い日本で、旺盛な個人消費に支えられた健全な国内マーケットが存在しなければ、極東の貧しいままの国家で生きていくしかなかったはずである。

ところが日本の悲劇は、欧米列強から遠く離れているという地理的な「優位性」を有していたことであった。

日本は、国内市場の狭隘《きょうあい》さを地理的「優位性」で補完しようとした。すなわち、朝鮮半島と中国大陸を日本の「国内マーケット」にしようとしたのである。

しかし、ドイツのような一流の重化学工業を構築することができなかったので、重化学工業製品の販売のマーケットとしてではない。日本は、相対的に強力な軍事力を背景に、タダ同然で原材料を調達（正確には収奪）し、粗悪品を販売（押し付け）する、より正確には、富の収奪のための「植民地」を獲得したのだ。

したがって、必要だったのは、製品の販売のための本来のマーケットではなかった。かつてのドイツが一流の帝国主義国だとすれば、日本は三流の帝国主義国にすらなれなかったのだが、それも軍需産業中心という極めて歪《いびつ》な経済構造があったからである。

軍事費をまかなうために経済成長

一方、中国では、建国以降、ソ連の援助のもと重化学工業を作り上げるとともに、軍事技術の導入がおこなわれた。しかし、一九五〇年代の後半から、ソ連との関係が悪化していった。そうすると、通常の兵器の開発から、「両弾一星」に集中するようになった。

「両弾一星」とは、原子爆弾と水素爆弾、ロケット・ミサイルのことであるが、これは、極めてコストが低く、しかも、戦争抑止効果が高いのである。

しかし、中ソ国境でソ連軍の侵攻に備えるための軍事費は、一九七九年の国内総生産（GDP）のなんと一六・三％にも達し、開発費用を含めると、とうてい負担のできるものではなかった。

そこで、経済を成長させたあとに軍備の増強に進むという政策がとられた。まさに、「富国強兵」政策であろう。

こうして国防費の歳出に占める比率は、第三次五ヵ年計画期（一九六六〜七〇年）の二一・八％、第五次（一九七六〜八〇年）の一六・四％から、第六次（一九八一〜八五年）で一一・九％に低下している。

中国の改革開放が一九七八年末に決められ、七九年から開始されたのは、軍事力の強化のために経済を成長させることが不可欠で、そのために外資の導入をおこなう必要があったからであろう。

外資を導入するというのは、単にそのことによって輸出を拡大する、あるいは雇用を確保して経済を成長させるためだけではなかった。日米欧の高い科学や技術を手に入れたかったのである。

この外資の導入をきっかけに、高度経済成長が始まり、ついには中国はアメリカに次ぐ世界第二位の経済大国に躍り出たが、おかげで軍事的にも「大国」に躍り出ることになった。

国際法秩序とは相容れない主張

ここで、中国の軍拡の政治的かつ経済的な背景について見てみることにしよう（「平成二五年版　防衛白書」）。

中国は、一四もの国と接する長い国境線と長い海岸線に囲まれた広大な国土に、一三億人を超える世界最大の人口をかかえる国家である。

しかも、国内に多くの異なる民族、宗教、言語などをかかえている。このように中国は、長い歴史を持ち、固有の文化、文明を形成し、国家を維持してきた。

こうした中国特有の歴史に対する誇りと一九世紀以降の半植民地化の経験が、中国国民の国力強化への願望とナショナリズムを生み出している。

この中国は、大国としての責任を認識し、国際的な規範を共有・遵守《じゅんしゅ》するとともに、地域やグローバルな課題に対して、より積極的で協調的な役割を果たすことを強く期待されているにもかかわらず、貿易の不均衡や為替相場の問題、あるいは領土や人権問題などをめぐって、他国との激しい摩擦が生じている。

そして、日本を含む周辺諸国との利害が対立する問題をめぐって、既存の国際法秩序とは相容《あいい》れない独自の主張にもとづき、力による現状変更の試みを高圧的におこなっている。たとえば、日本の固有の領土である尖閣諸島についての対応だ。

これらの結果、不測の事態をまねきかねない危険も生じ、周辺国は中国の今後の方向性に不安をいだいている。

アメリカやロシアに媚びる理由

中国国内には、さまざまな問題や矛盾が存在している。中央や地方の共産党幹部などの腐敗が大きな政治問題になっていることは、既に述べた。

急速な経済成長にともない、都市部と農村部、沿岸部と内陸部の間の地域格差の存在に加え、都市内部における貧富の格差、物価の上昇、環境の汚染、農業・工業用水の不足などの問題も顕在化しつつある。これも前述の通りだ。

将来的には、人口構成の急速な高齢化にともなう問題もある。

このように、政権運営を不安定化させかねない要因が拡大するとともに、多様化する傾向があることから、中国政府は社会の管理強化をおこなうものと考えられるが、インターネットの普及などもあって、人々の行動をコントロールすることは、年々むずかしくなっている。

二〇一三年から続発しているウイグル族によるテロ事件などは、その典型といえるであろう。

こうした内政面での問題を多数かかえた中国は、国家の安定を維持するために、外交面では、アメリカやロシアなどの大国と良好な関係を維持しようとし、しかし一方、軍事面では、高い国防費の伸びを背景に、軍事力のさらなる近代化につとめている。

特に中国は、台湾問題を国家主権に関わる核心的な問題として重視し、軍事力の近代化でも、当面は、台湾の独立などを阻止する能力の向上を目指すと見られる。

非物理的手段も重視する「三戦」

中国は、国家の安全と発展の利益に見合った強固な国防と強大な軍隊の建設を、国家の近代化建設のための戦略的な任務であるとしている（「二〇一〇年　中国の国防」）。ところが一方で、二〇一一年九月に発表された「中国の平和的発展白書」で、中国は「覇権を唱えず平和的発展を歩む」ともしている。

そして、湾岸戦争やコソボ紛争、あるいはイラク戦争などで見られた世界の軍事的発展の趨勢《すうせい》に対応し、軍事力の機械化や情報化を主な内容とする「中国の特色ある軍事変革」を積極的に推進する方針をとっている。

また中国は、二〇〇三年に「中国人民解放軍政治工作条例」を改正し、軍事や戦争に関して、物理的手段だけでなく、非物理的手段も重視するという観点から、「三戦」と呼ばれる「輿論戦《よろんせん》」「心理戦」「法律戦」を軍の政治工作の項目に加えた。

アメリカ国防総省が二〇一一年に公表した「中華人民共和国の軍事および安全保障の進展に関する年次報告」によれば、「三戦」は、次のように説明されている。

「輿論戦」は、中国の軍事行動に対する大衆および国際社会の支持を築くとともに、敵が中国の利益に反すると見られる政策を追求することがないように、国内および国際世論に影響をおよぼすことを目的とするものである。

「心理戦」は、敵の軍人およびそれを支援する文民に対する抑止、衝撃、士気の低下を目的とする心理作戦を通じて、敵の戦闘作戦を遂行する能力を低下させようとするもの。

「法律戦」は、国際法および国内法を利用して、国際的な支持を獲得するとともに、中国の軍事行動に対して予想される反発に対処するものである。

さらに、「二〇〇八年　中国の国防」によれば、「軍事闘争を政治、外交、経済、文化、法律などの分野の闘争と密接に呼応させる」という方針も掲げられている。

不透明な軍事費の内訳

このような中国の軍事力の実態については、従来、その具体的な装備の保有状況、調達目標と実績、主要部隊の編制と配置、軍の主要な運用や訓練実績、国防予算の内訳の詳細など、明らかにされていない（「平成二五年版　防衛白書」）。

中国は、一九九八年以降、二年ごとに「中国の国防」などの国防白書を公表し、外国の国防当局との対話も数多くおこなっている。二〇一一年四月からは、中国国防部報道官による毎月定例の記者会見もおこなっている。

とはいえ、たとえば国防費の内訳《うちわけ》については、人員生活費、活動維持費、装備費の三つに分類したうえで、それぞれの項目の総額と概括的な使途を公表しているに過ぎない。

「二〇〇八年　中国の国防」では、二〇〇七年度の国防費の支出にかぎり、「人員生活費」「活動維持費」「装備費」のそれぞれについて、現役部隊、予備部隊、民兵に関する内訳が明らかにされたものの、主要装備品の調達費用などの基本的な内訳は示されていない。

そして、二〇一三年四月に発表された国防白書では、「中国武装力の多様化運用」というテーマに限定して一部詳細に記述された面はあるものの、それまでの国防白書にあった国防費に関する記述がいっさいなくなってしまった。

中国は、政治的・経済的に大国として成長し、軍事に関しても世界各国がその動向に注目するようになってきている。そうしたなかで、中国に対するさまざまな懸念を払拭《ふっしょく》するためにも、国防政策や軍事力の透明性を向上させていくことが重要になるはずだ。

二五年で三三倍になった軍事費

中国での全国財政支出における二〇一三年度の国防予算は、約七四〇六億元（約一二兆六〇〇〇億円）と発表された。この予算額を前年度の全国財政支出における国防予算（当初予算）と比べると、約一〇・五％の伸びとなっている（一〇四ページ、図表4参照）。

二〇一三年度の中央財政支出における国防予算は、約七二〇二億元（約一二兆円）である。これは前年度の当初予算額と比べると約一〇・七％の伸びとなっており、公表された国防費は引き続き高いペースで増加している。

公表国防費は、中央財政支出の当初予算比で、一九八九年度から、二〇一〇年度をのぞい

図表4　中国の公表国防費の推移

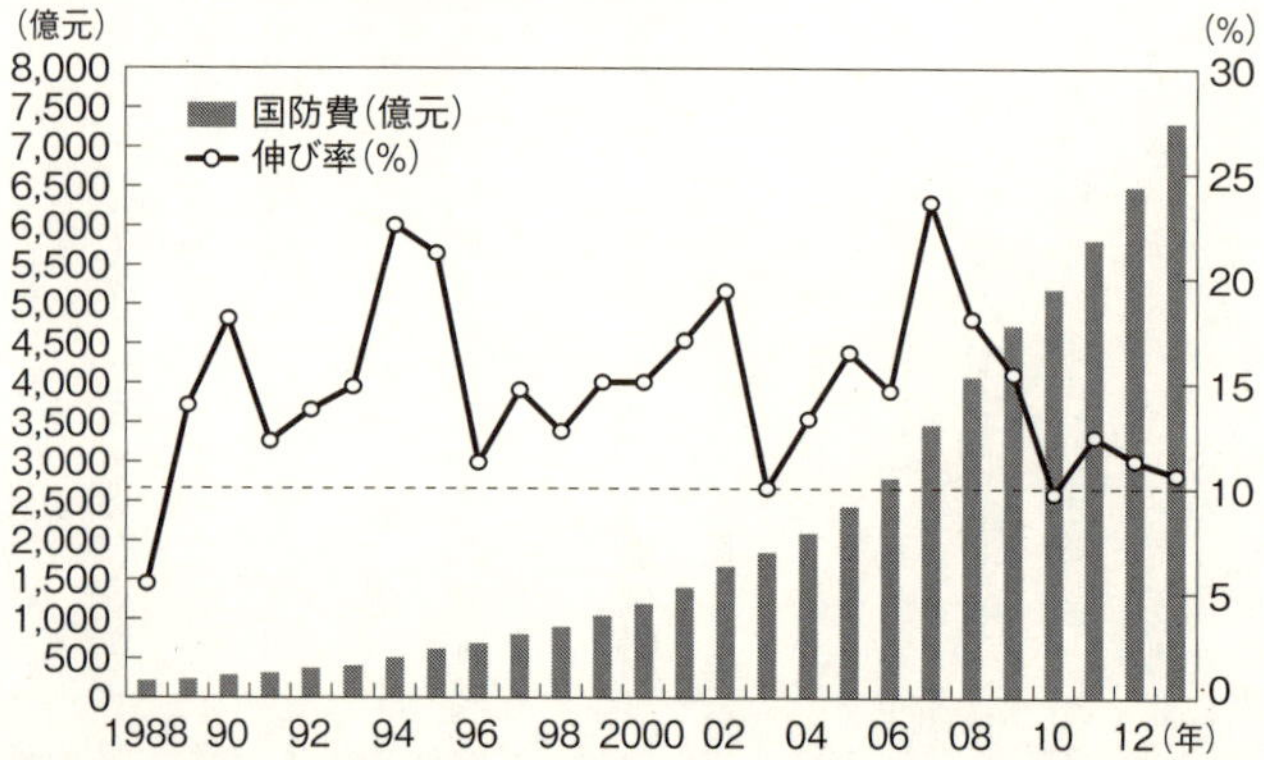

(注)2002年度および2004年度の国防予算額は明示されず、公表された伸び率と伸び額を前年当初予算にあてはめると齟齬が生じるため、これらを前年執行実績額からの伸びと仮定して算出し、それぞれ1684億元および2100億元として作成
(出所)「平成25年版 防衛白書」

て毎年、実に二桁の伸び率を記録している。そのため、公表国防費の名目上の規模は、過去一〇年間で約四倍、過去二五年間で三三倍以上の規模となっている。

中国は、国防と経済の関係について、「二〇一〇年 中国の国防」では、「国防建設と経済建設の調和的発展の方針を堅持する」としている。このように、国防建設を経済建設と並ぶ重要課題としているので、中国は経済建設に支障のないと考える範囲で、防衛力を向上させるため、さらなる資源の投入をしていくはずだ。

ここで留意しなければならないことは、上記の数字は、中国が実際に軍事目的に支出している金額の一部に過ぎない、ということである。たとえば、「装備購入費」や「研究開発費」などは、すべて国防費に含まれているわけではない。

ちなみに、二〇一三年五月に発表されたアメリカ国防総省による「中華人民共和国の軍事および安全保障の進展に関する年次報告」は、中国の二〇一二年の軍事関連支出は、一三五〇億ドルから二一五〇億ドルと見積もっている。つまり、最大で、約二二兆円となる。

さらに、中国の公表国防費には、外国からの兵器調達などの主要な支出が含まれていないと指摘している。

中国軍が外国に依存する分野とは

その中国では、自国で生産できない高性能の装備や部品をロシアなどの外国から輸入しているが、装備の国産化を重視しているものと見られる。国防産業の国産化は、国家存立の大前提だと考えているのだ。

そのため、多くの装備を国産化しているほか、新型装備の研究開発に意欲的に取り組んでいる。

中国の国防産業は、独自の努力のほかに、経済成長にともなう民間の産業基盤の向上、軍民両用技術の利用、外国技術の吸収によって発展していると見られ、軍事力の近代化を支える役割を果たしている。

二〇一一年八月に発表されたアメリカ国防総省による「中華人民共和国の軍事および安全保障の進展に関する年次報告」は、中国の国防産業について、造船産業や電子機器分野で特に進展が見られるほか、ミサイルや宇宙システム分野でも技術力を高めているとしている。

一方で、誘導・制御システムやエンジン、最新のアプリケーション・ソフトウェアなどの分野での進展が遅れ、これらの技術については、依然として外国に大きく依存しているとしている。

伸びが目覚ましい日中韓の軍事費

さて、二〇一四年二月二三日にウクライナで政権が崩壊し、暫定《ざんてい》政権が樹立された。そうすると、ロシアは、ウクライナのクリミア自治共和国に事実上の侵攻をおこなった。

続く三月一六日には、ウクライナのクリミアで独立の是非を問う住民投票がおこなわれ、独立してロシアに編入することが圧倒的多数で承認された。欧米は、「ウクライナ憲法と国際法違反だ」として激しく批判し、ロシアへの経済制裁をおこなった。

この多民族国家ロシアは、中国と同じで、つねに国家が分裂する危険にさらされている。だから国家の分裂を、なんとしても力でおさえなければならない。しかし、そのために必要な軍事費の負担は、中国と同様に過重である。

イギリスの国際戦略研究所が、二〇一四年二月に世界の軍事情勢についてまとめた年次報告書「ミリタリー・バランス　２０１４」を発表したが、同報告書によれば、ロシアの一三年の国防費の伸び率は世界で最も高く、なんと一三・八％であった。

国内に同じような問題をかかえるとともに、海洋進出を強化している中国も、軍拡を進めている。そのため、二〇〇八年から一三年にかけて、軍事費の支出は、米ドル建てで、中国が四三・五％、ロシアが三一・二％と、大幅に増加している。

一方で、アフガニスタンやイラクから撤収しつつあり、軍事費の削減を迫られているアメリカの国防費は、二〇〇八年から減少傾向にある。二〇一三年には、前年比で七％あまりも減少している。

その結果、世界の軍事費上位一五ヵ国に占めるアメリカの比率は、ついに半分を割り込み、かつての圧倒的な軍事的優位がゆらいできている。二〇一三年の軍事費はアメリカが六〇〇四億ドル、アメリカ以外の一四ヵ国が六三四五億ドルであった。

一方、中国とロシアで一八〇四億ドル……アメリカを除く一四ヵ国のうちの二八・四%を占めている。

中国が軍拡を進めていることもあって、同報告書は、日本を含む東アジアで軍事費が急増していると指摘。とりわけ、日本と中国と韓国での伸びが大きく、二〇一二年から一三年にかけてのアジア全体の軍事費の伸びの五七%を占めている。

ただ、日本の防衛費は二〇一三年度に伸びているのに、同報告書では、伸び率が一四・一%のマイナスとなっている。これは、日本銀行の異次元緩和で円安が進み、ドル建てにすると減ってしまったからである。

兵器の輸出を競う日本と中国

スウェーデンのストックホルム国際平和研究所は、二〇一四年三月に、二〇〇九～一三年にかけておこなわれた世界の通常兵器取引に関する報告書を発表した。

国別の通常兵器の輸出量で中国は、二〇〇八年までの五年間と比べて三倍以上の増加を示し、二〇一三年の報告書(〇八～一二年)の五位から四位に順位を上げた。

通常兵器輸出の上位五ヵ国は、アメリカ(全体比二九%)、ロシア(二七%)、ドイツ(七

%）、中国（六%）、フランス（五%）である。つまり中国は、軍需産業が「基幹産業」であるフランスを追い越したのである。

一方の日本は、「武器輸出三原則」を堅持してきたので、いままで兵器はほとんど輸出してこなかった。

しかし、これから中国が軍事力の増強で経済成長を続けていくとしても、いずれその「消費制限」の壁にぶち当たることは明らかである。

歴史的には、その「消費制限」を突破するのが準戦時体制（このときに経済は著しく成長する）の構築であり、その必然的帰結として、戦争になだれ込む。

ただ、世界史の現段階で、兵器が大量に「消費」される大規模な戦争が勃発するとは考えづらい。とすれば、兵器の「消費市場」を外国に求めるしかない。

外国に大量の兵器を売り込めば、軍需産業はもちろんのこと、重化学工業も高い収益を確保することができるからである。

ところが、この「消費市場」に向けて新規に参入しようとする競争相手が現れた。

——日本である。

日本は、戦争責任をとるという立場から、「武器輸出三原則」を掲げて、兵器の輸出をひかえてきた。しかし安倍晋三政権は、二〇一四年四月一日、あらたに「防衛装備移転三原則」を閣議決定し、兵器を輸出しようとしている。

日本も中国と同じで、軍需産業を成長戦略の中心に据えようとしているからである。

だが、アメリカとの連携ということもあるが、通常兵器の質という側面では、日本は中国の競争相手ではない。核兵器やミサイルも、本格的に開発すれば、世界の水準に到達するのにさほど時間はかからないであろう。

そのため中国は、アジアの経済統合から日本をなんとしても排除したい。経済的な果実を独占したいということもさることながら、アジアを軍需産業の「消費市場」として重視しているからだ。

モジュール化が進んだ現代では、工業製品は、中国製でも昔ほど質は低くはない。それでいて安ければよく売れる。おそらく、アジア市場では、これから、日本のような高品質・高価格ではなく、中国製の中品質・低価格のモノがよく売れるようになるであろう。

ところが、日本の高性能の兵器は国家が購入するので、民生品と違って、安い必要はない。安くすれば売れるというものでもない。「超高品質」「超高性能」「超高機能」が求められるのだ。すると量産もできないので、より高くなる。

とすれば、統合アジアで中国の通常兵器は売れなくなる。かといって、核兵器やミサイルを売りまくることもできない……。

中国が、経済成長の主導部門として軍需産業を据えても、アジアで売れなければ、成長戦略としては無意味である。とはいえ、中国が低成長に甘んじることはあり得ない。それこそ、国家が消滅してしまいかねないからである。

それを解決する方法は、ひとつ――日本をアジアの経済統合から徹底的に排除することである。

こうした、アジアからの日本排除という中国の「高等戦略」にひっかかってはいけない。だが、日本でこのことを理解している人は少ない。ただ、アメリカの政権中枢にいる、大統領をのぞく政府高官数人は、この中国の戦略を見抜いているようである。

第一列島線・第二列島線とは何か

「中華人民共和国憲法」二九条では、国防について、次のように規定されている（高橋和之編『新版 世界憲法集 第二版』岩波文庫、二〇一二年）。

〈①中華人民共和国の武装力は、人民に属する。その任務は、国防を強固なものとし、侵略に抵抗し、祖国を防衛し、人民の平和な労働を防衛し、国家建設事業に参加し、人民に奉仕することに努力することである。

②国家は、武装力の革命化、現代化、正規化の建設を強くおし進め、国防力を増強する〉

こうした憲法規定にもとづいて、アメリカ軍のアジア・太平洋回帰に対抗し、中国はアメリカとの対等な関係を構築するため、「力の裏付け」を求めているのかもしれない。

特に、二〇〇七年一〇月、胡錦濤《こきんとう》前国家主席は、海洋産業、海上運輸、エネルギー資源の戦略ルートの安全を指示したとされている。このことは注目される。

また二〇〇九年四月、呉勝利《ごしょうり》海軍司令員（司令官）は、遠海訓練を常態化し、海軍の五大兵種（艦艇、潜水艦、航空機、海岸防衛隊、陸戦隊）については、毎年数回、部隊を組織し、遠洋訓練をおこなうと発言した。

ただ、陸軍国家中国での海軍将兵の力量は極めて低いようである。ソマリア沖の海賊対策で艦艇を派遣する際、適正検査をおこなったら、長期航海には耐えられない将兵が続出したようだ。遠洋訓練が必要というのもうなずける。

図表5　中国から見た西太平洋・インド洋

（資料）アメリカ国防総省報告、各種報道等を基に作成
（出所）今井和昌「軍事力を強化する中国」『立法と調査』2011年12月

そして人民解放軍は、①日本列島から南西諸島、フィリピン、南沙諸島に至るライン（第一列島線）の内側の南シナ海などを中国の制海権下に置くことで、中国大陸の防衛や台湾有事の際の防衛線とする、②日本本土から小笠原諸島、グアム、オーストラリア西岸に至るライン（第二列島線）より西の太平洋において、自国海軍による活動の自由を確保し、緩衝地帯とする目標を掲げる。これは、台湾有事の際に、人民解放軍の作

戦領域である第一列島線の内側へのアメリカ空母機動部隊などの接近を遠海で阻止し、妨害する意図を有しているとされる（図表5参照）。

この第一・第二列島線というのは、もともとアチソン元アメリカ国務長官が提示した防共ラインである。アメリカ国防総省は、これを「接近阻止・領域拒否」と呼んで、警戒に当たっている。

そう、太平洋をアメリカと二分し、第二列島線内を勢力圏におさめるべく、中国海軍は西太平洋での軍事訓練を積極的におこなっているのだ。

というのも、中国が経済成長を続けていくための大前提は、原油などのエネルギーを安定的に調達することであり、そのための原油の輸送路として、中東からインド洋、そして南シナ海というシーレーン（海上交通路）を確保しなければならないからだ。

そのためには、海軍力をさらに強化しなければならない。中国近海や西太平洋を中心におこなってきた海軍の軍事演習を、最近では、インド洋でも実施するようになってきている。

米軍の全艦艇の六〇％をアジアに

一方、アメリカ国防総省は、二〇一〇年の「四年ごとの国防戦略の見直し（ＱＤＲ）」

で、アメリカ軍の部隊の展開を阻止し、アクセス拒否能力を行使される可能性があることを指摘し、中国の「接近阻止・領域拒否」に対応する「統合エアシー・バトル構想」を提唱した。

具体的には、今後、次のようなことに関する準備をおこなうとした。

①中国の新型対艦ミサイルを破壊するための空・海軍の共同作戦。
②アメリカの軍用衛星の機動性の向上。
③中国の「接近阻止」部隊への空・海両軍共同のサイバー攻撃。
④有人無人の新鋭長距離爆撃機の開発。
⑤潜水艦とステルス機の合同作戦。
⑥海・空軍と海兵隊合同による中国領内の拠点攻撃。
⑦空軍によるアメリカ海軍基地や艦艇の防御強化。

そして二〇一四年三月にも、アメリカ国防総省が「四年ごとの国防戦略の見直し（QDR）」を発表している。

アメリカは、アフガニスタンとイラクとのふたつの戦争にほぼ決着をつけ、いよいよ本格的に対中国戦略を構築し、実行しようとしているのだ——。

名指しこそ避けているものの、このなかで中国を「高度な『接近阻止・領域拒否』能力を持つ国家」と表現している。

その中国は、「接近阻止・領域拒否」という戦略にもとづいて、対米作戦を準備しているとされるが、この戦略で第一列島線内をほぼ勢力圏におさめた中国海軍は、西太平洋での軍事演習を積極的におこなうようになった。

習近平国家主席は、二〇一三年六月の訪米に際して、「広大な太平洋には、米中両大国を受け入れる十分な余地がある」とオバマ大統領に対して伝えたとされるが、中国側は「太平洋の米中共同管理」を目指しているのかもしれない。

尖閣諸島を含む東シナ海や南シナ海では、領土問題で、日本やフィリピンやベトナムなどが中国との緊張状態にある。そうしたなかアメリカは、アメリカ軍の運用目標を数字で示し、中国を牽制する必要がある。

そこで、QDRでは、二〇二〇年までに太平洋に配備するアメリカ海軍の艦船を、現状の、全艦艇の五〇%から、六〇%に引き上げることが明らかにされた。

ただし、アメリカの二〇一五会計年度（二〇一四年一〇月〜一五年九月）の、戦費をのぞく国防予算案は、約四九五六億ドル（約五一兆円）と、前年度よりも四億ドルほど圧縮されている。そのためアメリカは、日本、韓国、オーストラリアなどの同盟国との協力を、さらに緊密にしていくという。

とりわけ日本への期待が高く、「在日米海軍の強化が極めて重要」と明記されている。日本の軍事的な貢献を期待しているのも明らかだ。

合計四隻の空母で中国経済は

一方の中国では、二〇一四年三月に開催された全国人民代表大会で、一四年の国防予算（中央政府分）は、前年実績比で一二・二％増の八〇八二億元（一三兆七四〇〇億円）と発表、四年連続の二桁増、過去最高となった。

中国の軍事費は初めて八〇〇〇億元の大台を超えたのだが、これはアメリカ国防予算の四分の一あまり、そして日本の約二・七倍に当たる。

李克強《りこっきょう》首相は、この全人代での政府活動報告で、「平時における戦闘への備えと、国境・領海・領空防衛の管理やコントロールを強化する」ことを強調した。とりわけ、「国家の海洋権益を断固として守り、海洋強国づくりに大いに力を入れる」と述べたことが注目される。

つまり、尖閣諸島の領有権など国家主権や領土問題をめぐっては、絶対に妥協しないという強い姿勢を示したのだ。

加えて李克強首相は、同じく全人代での政府活動報告で、「各方面での軍事闘争への備えと、ハイテク装備の発展にも注力する」として、人民解放軍の装備の近代化を急ぐ、という方針を示した。

この中国が特に重視しているのは、海軍と空軍、そして戦略ミサイル部隊である第二砲兵である。

そして、太平洋に展開するアメリカ軍を中国本土に近づけないためには、「遼寧」に続く三隻の航空母艦、ステルス戦闘機、潜水艦、弾道ミサイルなど、最新鋭の兵器を次々に増強していかなければならない。

これからさらなる軍拡が展開されるのだが、果たして中国経済は持つのだろうか……。

国防費と治安維持費だけで四二兆円

中国の国防費が正確にはどれだけあるか、よくわからない。先述の通り、アメリカ国防総省は、二〇一二年の中国の軍事関連支出を、最大で二一五〇億ドルと見積もっているが、これが実態かもしれない。二〇一三年に一〇・七％、一四年に一二・二％増加したので、現在では、最大二六七〇億ドルということになる。

すると日本円で、二〇一四年の中国の国防費は、なんと約二七兆円の規模となる——。

しかも、二〇一三年の治安維持費に当たる公共安全予算は七六九〇億八〇〇〇万元（約一三兆円）。公表された国防費の七四〇六億二二〇〇万元を、三年連続で上回っている。

治安維持費は、国防費を上回る規模で増加しているので、二〇一四年には一五兆円にはなっているであろう。

——治安維持費とアメリカ国防総省が推計する国防費を合計すると、二〇一四年に、実に四二兆円あまりの規模に達する。

国家（中央政府と地方政府の合計）予算に占める推計国防費と治安維持費の合計比率を推計すれば三〇％にも及ぶが、二〇一三年の国内総生産（ＧＤＰ）に占める推計国防費と治安維持費の比率は約四・三％となる。

しかし、これから中国では、軍拡を激化させるしか経済を救う道はなく、格差問題や少数民族弾圧により各地で抗議行動が過激化し治安維持費も増加すると考えられるので、この数字は、ＧＤＰ比で、近いうちに一〇％を超えるであろう。

もちろん、単年度の財政支出に占める比率は半分くらいになって、予算が組めなくなってしまうので、中央銀行である中国人民銀行が、政府に財政資金を供給するしかなくなる。

この治安維持費と国防費を併せた「広義の国防費」は、国内での矛盾をなんとしても抑え込むために不可欠のもの。さらに、人々の不満を外に向けさせるために、領土の保全と拡張、海洋権益の確保をアピールするしかない。

また、貧富の格差による暴動は警察力で抑え込むことができるかもしれないが、シャドーバンキングの崩壊による中流層（中間層）の叛乱は、武力でもってしても鎮圧することはできない。

したがって、理財商品や信託商品などの債務不履行（デフォルト）を回避するための財政出動が必要となる。

すると、二〇一二年には政府部門（中央と地方）の公表債務残高の対GDP比は五三％であったが、二〇一七年には一〇〇％を超えてしまうことになるだろう。

ところが、実際の債務残高は約二五〇〇兆円あるのは確実だ。すると、対GDP比では二五〇％あまり……なんと、日本よりも格段に多いのである。

第五章　人民解放軍が殺す中国経済

空母を減らすアメリカ増やす中国

前章では、軍事力が中国の経済成長を止めるメカニズムについて述べてきた。

本章では、中国の軍事力強化を、前章で検討したものとは見方を変え、さらに詳細に明らかにしよう。軍事力強化の中身、そして、中国が軍拡に走らざるをえない国際的な背景などについても考察する。

まず、中国の軍事力強化の中心をなしている空母機動部隊の編制——それが本当に有効になるには、果たしてどの程度の規模が必要なのか、強大な空母機動部隊を編制すればそれでいいのか、それを考察する。というのも、第二次世界大戦に投入された戦艦「大和《やまと》」「武蔵《むさし》」のように、時代遅れの遺物となる可能性もあるからだ。

第二次世界大戦では、海戦は、戦艦対戦艦の戦いから、空母艦載機を中心とする航空戦に転換した。そして、それを実証したのは日本だった。

真珠湾攻撃では、大日本帝国連合艦隊の空母機動部隊がアメリカ太平洋艦隊に壊滅的打撃を与え、マレー沖海戦で、イギリス海軍の戦艦「プリンス・オブ・ウェールズ」と「レパルス」を撃沈したのも、日本の空母機動部隊にほかならない。

にもかかわらず、日本は空母を大増強しなかった。一方のアメリカは、ただちに強大な空母機動部隊の編制に取りかかり、第二次世界大戦後には、一時二〇隻以上を数えた。これをいま一〇隻まで減らし、さらに減らそうとしている。現代戦における空母の限界、そしてコストパフォーマンスを理解しているからであろう。

ところが中国……この空母を、現在の「遼寧」一隻から、四隻へと増やしていくという。すなわち中国の軍事戦略は、歴史に逆行する、アナクロニズムなのである。もちろん空母の軍事的な限界を知っており、尖閣諸島や南シナ海で日本やフィリピンやベトナムなどを威《い》嚇《かく》できればいい、そう考えているのかもしれない。とすれば、心理戦の一環ということになる。

ただ、こうした中国の軍拡は確実に中国経済を蝕んでいく。そのプロセスを見ていこう。

「広義の国防費」は一〇〇兆円！

二〇一四年度の、軍事費など「狭義の国防費」は、中国では前年実績比一二・二％増の八〇八二億三〇〇〇万元（約一三兆七三九九億円）と、四年連続で二桁の伸びを示している。

しかも、二〇一〇年度を除いて、当初予算比で見ると、二五年連続で二桁増を続けている。こうして狭義の国防費は三三倍以上に膨張したといわれる。

しかしながら、公表された、この狭義の国防費が、ほんの氷山の一角に過ぎないことは、公然の秘密である。アメリカ国防総省によれば、狭義の国防費は公表額の二〜三倍はあるというが、実際には、三〜五倍はあるともいわれている（小川和久・西恭之著『中国の戦争力』中央公論新社、二〇一四年）。

また、中国国内での政治家と官僚の腐敗などに対する抗議行動が激しさを増しているが、中国国内における「治安維持費」は、「広義の国防費」ということになるであろう。体制を維持するための経費だからである。

さらに、自国領土と主張する尖閣諸島や南シナ海の島々の警備のために、中国海警局（日本の海上保安庁）などの経費も膨れ上がっている。世界ではコーストガード（沿岸警備）と呼ばれるものであるが、果たして南シナ海までが中国の沿岸に該当するのかどうかについては、大いに疑問が残る。これは広義と狭義の中間にある国防費ということができよう。

ここで、治安維持費を広義の国防費に含めれば、公表された狭義の国防費を大きく上回り、国防費は九〇兆円あまりとなる。そして、沿岸警備費までも広義の国防費に含めれば、なんと一〇〇兆円に膨れ上がる可能性がある。すると広義の国防費は、中国の国内総生産

（GDP）の一〇％あまりを占めていると見ても、大きな間違いはないであろう。

激増する「広義の国防費」の背景

狭義の国防費、そして治安維持費と沿岸警備費を併せた「広義の国防費」は、これからさらに激増していく。

そんな折も折、中国国内での政治家と官僚の腐敗に対する反発や抗議行動は、ますます熾烈さを極めている。また、政権基盤が中国共産党史上もっとも弱いといわれる習近平国家主席……実際、政権のナンバー2の李克強首相は彼の政敵であり、となると、対外強硬策をとらなければ、政権が崩壊する可能性が高い。

加えて、中国政府が「核心的利益」とするチベット自治区と新疆ウイグル自治区に対する主権の維持は、至上命令である。

そうした情勢のなか、二〇一四年四月、習近平国家主席が新疆ウイグル自治区のウルムチを視察したその日に、爆弾テロが発生した。ウイグル族の犯行とされたが、中国政府は、さらにテロ対策を強化していくことになる。

……こうして治安維持費も、ますます膨れ上がっていくことになるのだ。

また、中国は、尖閣諸島、南シナ海の南沙諸島、西沙《せいさ》諸島、中沙《ちゅうさ》諸島などの領有権を主張し、これもまた中国の「核心的利益」だとしている。

そのため、中国海警局に統合する前の中国国土資源部国家海洋局は、二〇一一年六月、二〇二〇年までに同局の海監総隊の海洋監視船（海監）を、当時の二六〇隻から五二〇隻と倍増し、海監総隊の人員も九〇〇〇人から一万五〇〇〇人に増強する方針を発表した。

もしもこれが実現すれば、日本の海上保安庁の勢力、人員約一万二〇〇〇人、船艇四五五隻を上回ることになる。

こうした海洋管理能力の増強には、広義の国防費が注ぎ込まれているが、それは軍事的な衝突を回避するためと見られる。というのも、二〇一四年四月に発表された日米共同声明で、尖閣諸島が日米安保条約の適用下にある旨、明言されたと受け止められているからだ。

もしも中国軍が、尖閣諸島は自国領土だとして手出しをすれば、アメリカ軍と戦う破目《はめ》になる可能性が出てきた。結果、中国は、海警局の海洋管理能力を飛躍的に高めるということになるだろう。

もちろん、中国の海洋権益を守るために、海軍力と空軍力を飛躍的に増強させることもまちがいない。さらに中国軍の中軸である陸軍も、これまでも盛んに増強されてきたが、インドの軍備増強の前に、彼の国との軍事対決に備える必要が出てきている。

こうして中国の広義の国防費は、ますます膨れ上がっていくことになるのだ。

日本の五分の一しかない中国の海

多くの国々と国境を接する中国は、たびかさなる国境紛争のために、陸軍の強化が不可欠であった。中国革命でも、共産党軍である八路軍《はちろぐん》（陸軍）が主役であった。

一方、改革開放政策がとりあえず成功し、中国経済が成長していくと、広大な国土を有するわりに天然資源が少ないという弱点が露呈してきた。

――一三億以上の人々に食べさせなければならない、しかし農業生産が国内の需要に追い付かない……こうして資源と食糧の確保のため、中国の海洋権益を守るための軍事力獲得も、喫緊《きっきん》の課題となっている。実際、中国の領海と排他的経済水域は、日本の五分の一の広さしかないのだ。

そんななか、中国と国境で対峙《たいじ》するインドが、軍事大国化の道を進みつつある。こうして中国は、海洋権益と大陸国境防衛の「二正面作戦」を余儀なくされるようになったのだ。

二〇〇六年七月に開通した青海《せいかい》チベット鉄道（青蔵《せいぞう》鉄道）は、高地と永久凍土に建設され、これによって中国のインドに対する軍事的優位性が高まったのではないかといわれているが、インドの二〇一三年度の軍事費も約三七四億ドルと世界第八位であり、一〇年前と比べると、約三倍にも増えている。

しかも、原子力潜水艦や国産空母の保有、大陸間弾道弾の発射実験の成功などが進んでいるインドは、中国との国境付近の道路建設などにも乗り出している。中国の内憂外患は留まるところを知らないのである。

人民解放軍の他にもある「軍隊」

この中国の軍事力は、共産党の「人民解放軍」、党・政府機関や国境地域の警備や治安維持のほか民生協力事業や消防などをおこなう「人民武装警察部隊」、平時には経済建設などに従事するが有事には後方支援任務を負う「民兵」から構成されている。

このうち人民解放軍は、陸軍、海軍、空軍、第二砲兵（戦略ミサイル部隊）から成り、共産党が創建し指導する人民軍隊とされている（図表6参照）。

ここから少々詳しく、中国経済の重しになる、その軍事力について見ていくことにしよう。主に「平成二五年版　防衛白書」を参考にさせていただいた。

図表6　中国軍の配置と戦力

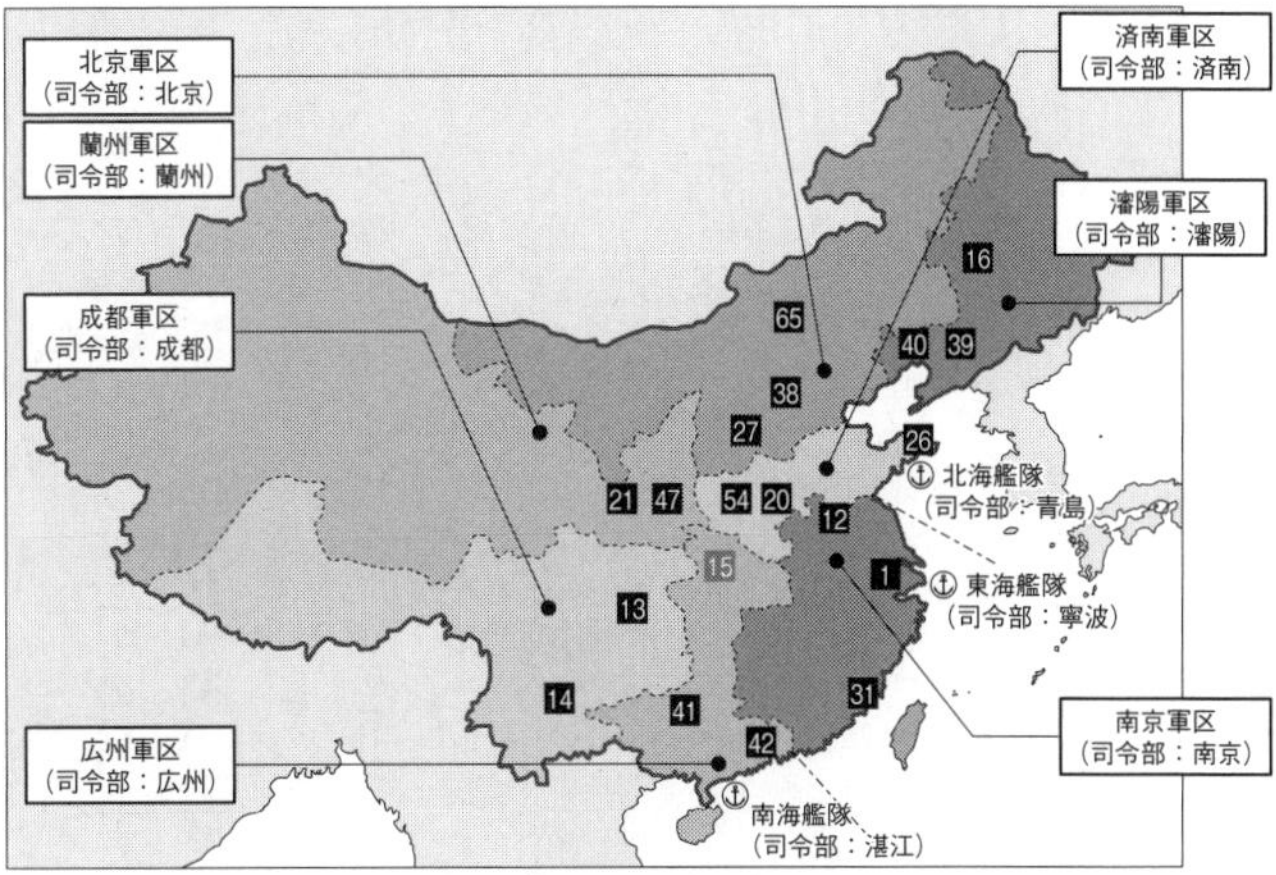

(注)陸軍と空軍の軍区は同一である。●軍区司令部　⚓艦隊司令部　■集団軍(陸軍)司令部　■空挺軍(空軍)司令部
集団軍は、数個の師団、旅団などからなり、兵員は数万人規模である。

		中国	(参考) 台湾
総兵力		約230万人	約29万人
陸上戦力	陸上兵力	約160万人	約20万人
	戦車	98A/99型、96/A型、88A/B型など 約8,200両	M-60、M-48A/Hなど 約1,420両
海上戦力	艦艇	約970隻 146.9万トン	約360隻 21.7万トン
	駆逐艦・フリゲート	約80隻	約30隻
	潜水艦	約60隻	4隻
	海兵隊	約1万人	約1.5万人
航空戦力	作戦機	約2,580機	約510機
	近代的戦闘機	J-10×268機 Su-27/J-11×308機 Su-30×97機 (第4世代戦闘機 合計673機)	ミラージュ2000×57機 F-16×146機 経国×128機 (第4世代戦闘機 合計331機)
参考	人口	約13億4,700万人	約2,300万人
	兵役	2年	1年

(注)資料は、「ミリタリーバランス(2013)」などによる
(出所)平成25年版 防衛白書

中国は、核戦力と弾道ミサイル戦力について独自の開発を進めてきており、抑止力の確保、通常戦力の補完、国際社会での発言力の確保を目指している。二〇一二年一二月には、習国家主席が、第二砲兵は「わが国の戦略的抑止の核心的な力であり、わが国の大国としての地位への戦略的な支えであり、国の安全を擁護する重要な礎《いしずえ》である」と発言している。

中国は、大陸間弾道ミサイル、潜水艦発射弾道ミサイル、短距離・中距離弾道ミサイルという各種・各射程の弾道ミサイルを保有している（図表7参照）。

すでに、発射台付き車両に搭載される移動型大陸間弾道ミサイルであるＤＦ－31と、その射程延伸型のＤＦ－31Ａを配備しているが、とりわけＤＦ－31Ａを増加させている。二〇一三年一二月には、新型大陸間弾道弾ＤＦ－41の発射実験もおこなった。複数弾頭化され、アメリカのＢＭＤ（弾道ミサイル防衛）に対する残存性を高めている。

潜水艦発射弾道ミサイルについては、射程約八〇〇〇キロと見られる新型のＪＬ－２の開発と、これを搭載するためのジン級弾道ミサイル搭載原子力潜水艦の建造がおこなわれているといわれる。ＪＬ－２が実戦配備されると、中国の戦略核戦力は、大幅に上昇すると見られている。

日本を含むアジア太平洋地域を射程におさめる中距離弾道ミサイルについては、ＤＦ－３

図表7　中国(北京)を中心とする弾道ミサイルの射程

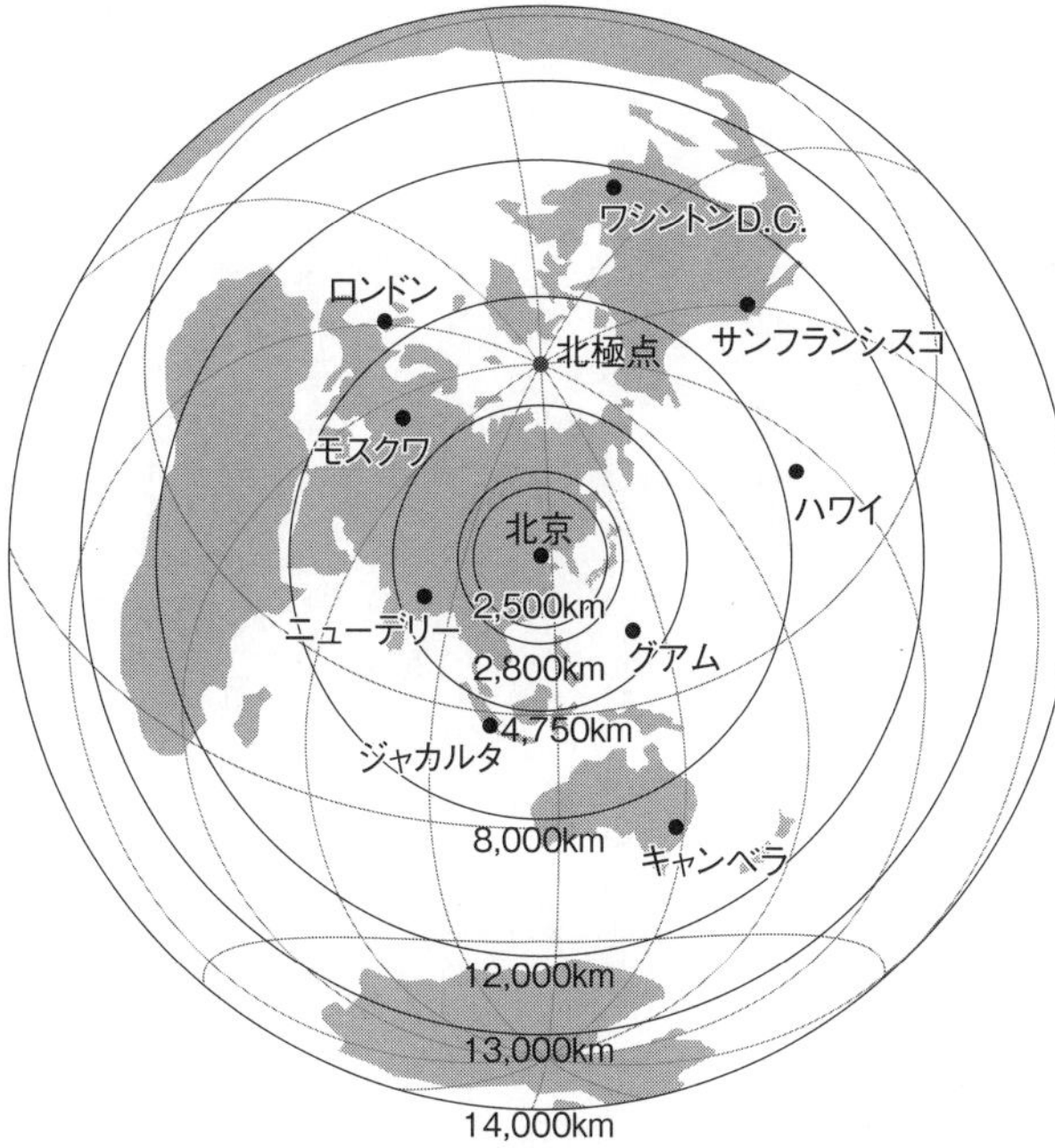

1,750～2,500km	DF-21、DF-21A/B/Cの最大射程
2,400～2,800km	DF-3、DF-3Aの最大射程
4,750km	DF-4の最大射程
8,000～14,000km	DF-31、DF-31Aの最大射程
12,000～13,000km	DF-5、DF-5Aの最大射程

(出所)「平成25年版 防衛白書」

のほか、発射台付き車両に搭載されるDF－21も配備されているが、これらのミサイルは、核を搭載することも可能である。また中国は、空母などの洋上の艦艇を攻撃するための通常弾頭の対艦攻撃弾道ミサイルを配備しているとの指摘もある。

さらに、射程一五〇〇キロ以上の巡航ミサイルであるDH－10（CJ－10）のほか、核兵器や巡航ミサイルを搭載可能なH－6（Tu－16）中距離爆撃機を保有し、弾道ミサイル戦力を補完している。

加えて、短距離弾道ミサイルについては、DF－15やDF－11を多数保有し、台湾や尖閣諸島を含む南西諸島の一部もその射程に入っている。また新型ミサイルDF－16を開発し、配備しているのではないか、ともいわれている。

ステルス機や無人機も配備するが

この中国の陸上戦力は約一六〇〇万人と世界最大ではあるが、これまでの地域防御型から全国土機動型への転換を図っている。歩兵部隊の自動車化や機械化を進めるなど機動力の向上を図るほか、空軍所属の空挺部隊、特殊部隊、ヘリコプター部隊などの強化を進めている。

また中国は、空軍と海軍あわせて、作戦機を約二五八〇機保有しているが、第四世代の近代的な戦闘機も着実に増加している。次世代戦闘機ともいわれるJ－20（殲－20）の開発を進め、二〇一一年一月に試作機が初の試験飛行に成功したと報じられた。

アメリカのロバート・ゲイツ国防長官（当時）は、上院軍事委員会で、「中国はステルス性能を備えた次世代戦闘機を、二〇二〇年までに五〇機、二五年までに二〇〇機程度配備する可能性がある」と証言している。

二〇一二年には、J－20とは別に、中国が開発中とされる新たな次世代戦闘機が初飛行したとも報じられた。また、H－6空中給油機やKJ－2000早期警戒管制機などの導入によって、近代的な航空戦能力の向上にも引き続き努力している。加えて中国国防部は、二〇一三年一月、輸送能力の向上のために中国が自主開発した新型のY－20大型輸送機が試験飛行に成功したとも発表した。

このように多種多様な航空機の開発・生産やロシアからの導入に加え、中国は、無人機の開発や生産も進めている。尖閣諸島近辺に飛来した無人機のことを考えると、日本が導入を急ぐのもうなずける。

さらに中国は、宇宙開発にも積極的で、軍事目的での情報収集などの宇宙利用をおこなっている可能性がある。対衛星兵器の開発もおこない、またサイバー戦に関する能力の向上にも努めている。

空母機動部隊は金食い虫

さて、中国の海上戦力は、「北海」「東海」「南海」の三個の艦隊からなり、艦艇約九七〇隻（うち潜水艦約六〇隻）、総排水量では約一四七万トンに上る艦船を有している。

中国の軍備増強（軍拡）の中心は、この海上戦力であり、近海における防御に加えて、より遠方の海域において作戦を遂行する能力の構築を目指している。

中国海軍は、ロシアからの「キロ級」潜水艦の導入のほか、新型の国産潜水艦の積極的な建造をおこなうなど、潜水艦戦力の増強も図っており、最新鋭の「ユアン級」潜水艦を大幅に増強しているものと見られる。

同艦は、静粛性に優れるとともに、必要な酸素をあらかじめ搭載することで、従来よりも長期の潜航が可能となる大気非依存型推進システムを搭載しているといわれている。

また、艦隊防空能力や対艦攻撃能力の高い水上戦闘艦艇の増強も進めており、満載排水量二万トンを超えるといわれる「ユージャオ級」大型揚陸艦のほか、補給艦の増強もおこなっている。

空母については、ウクライナから購入した未完成のクズネツォフ級空母の改修をおこなって、二〇一一年八月から一二年八月の間に計一〇回の試験航行をおこなった。そして九月に「遼寧《りょうねい》」と命名し、就役させたのだ。

「遼寧」では、J－15戦闘機の発着訓練もおこなっている。ただし、アメリカ国防総省による二〇一三年の中国の軍事などに関する年次報告は、固定翼機の訓練なども含めて、「効果的な運用が可能となるまでには三～四年は必要」だと指摘している。

中国に、本格的な空母機動部隊を持つ構想があるのは間違いない。すでに国産空母を三隻建造しているという情報もある。二〇一五年ころに通常動力空母を二隻、二〇二〇年ころに原子力空母二隻を建造する、そうした構想を仄《ほの》めかしたというのだ。

さて、ここからが本番である。中国の軍拡の中心となる複数の空母機動部隊の創設が、いかに金食い虫なのか、財政を圧迫するか、これについて見ていこう。主に、小川和久氏と西恭之氏による前掲書を参考にさせていただいた。

天文学的な空母の建造費・運用費

もしも中国が、アメリカのように、空母を中心として護衛艦や潜水艦などで構成される空母機動部隊を一個運用しようとすれば、空母を二隻持たなければならない。ローテーションで一隻に定期点検と整備をおこない、さらにもう一隻は、有事即応態勢に置く必要があるからだ。したがって、もし「遼寧」が実戦配備されても、これだけでは周辺国の脅威にはならない。

しかも、即応態勢にある空母機動部隊が一個では役に立たない。

それどころか、西太平洋の一部と南シナ海で、中国のいうところの「接近阻止・領域拒否」戦略を本格的に実行しようとすれば、空母機動部隊を四つ、すなわち空母を八隻持つ必要があるのだ。

空母機動部隊を四個持つとすれば、空母八隻はもちろん、搭載する戦闘機やヘリコプター、空母を守る護衛艦と潜水艦、データ中継用の人工衛星、さらには軍港や飛行場の整備がどうしても必要である。

一個の空母機動部隊の規模を、アメリカの事例をもとにして見てみよう。

アメリカの原子力空母「ジョージ・ワシントン」は定員五六八〇人で、うち二四八〇人が航空要員である。アメリカでは、イージス艦九隻と原子力潜水艦二〜三隻が加わって、一つの空母機動部隊を構成している。

必要とされる人員は、空母の五六八〇人に加えて、イージス艦の乗員が三二〇人×九、原子力潜水艦の乗員を一三〇人×三とすれば三二七〇人と、実に約九〇〇〇人が必要となる。

要するに、四個の空母機動部隊を持つとすれば、八万人くらいの人員が新たに必要となるのだ。一三億人を超える人口を抱える中国では、八万人の増員など大したことではないかもしれないが、問題は、空母機動部隊の建造、そして運用には、天文学的な経費がかかるということである。

特別の鋼鉄が必要とされる飛行甲板は、すでに日本の技術提供により、中国の鉄鋼会社が製造できるようだ。

しかし、戦闘機を短い飛行甲板から一気に飛ばすカタパルトを製造する技術は、中国にはない。これは高度な軍事機密なので、莫大な開発費が必要とされる。

もともと空母機動部隊の構築に一個で約一兆～二兆円程度かかる。運用費も年間数千億円かかるといわれている。もしも、四つの空母機動部隊を建造すると、それだけで約四兆～八兆円かかるとともに、運用費は、年間数兆円必要となるはずだ。

また、空母の発着訓練は常におこなわれているが、それは極めて高度の発着陸の技術を要求されるからだ。ちなみに日本では、厚木基地から飛び立った艦載機が空母に着艦・発艦する訓練がおこなわれている。わたしが町田に住んでいたときには、訓練があると、テレビの音が聞こえないほどの騒音であった。中国人は、それにどう対応するのだろうか……。

現代戦では役立たずの空母

現代では、空母は、金食い虫のわりには、武力衝突や戦争では役に立たないといわれる。イラク戦争のように、アメリカの空母がイラク軍のミサイルによって攻撃される心配がなければ、空母から発進した戦闘機による攻撃は有効であるかもしれない。しかし中国のように、短距離・中距離のミサイルを実戦配備していると、空母をはじめとする艦船を攻撃することができる。

もちろん、万が一、アメリカの空母機動部隊がミサイル攻撃を受けたとしても、そう簡単に撃沈されることはない。空母を発見しても、位置と進路を特定しなければならないからだ。

中国は偵察衛星を一定のレベルで配備しているが、それだけでは不十分だ。さらに、高高度飛行船や長距離無人偵察機が必要となる。しかし、中国にはそれがないので、開発しなければならない。ただし、もしこれらを開発したとしても、相手が偽のレーダー反射波などを用いると、空母を発見するのは難しい。

また、ミサイルを発射する際には、誘導に必要なシステム（衛星）を相手の攻撃から防御しなければならない。さらに、相手のイージス艦によるミサイル防衛システムを突破しなければならない。

逆にいうと、中国もアメリカ並みの空母防衛システムを構築しなければならない、ということである。そうしないと、中国の空母機動部隊は、相手の攻撃に遭遇すると簡単に撃沈されてしまうということになるからだ。

それにもかかわらず、実戦で役にも立たない複数の空母機動部隊を保有しようというのは、国威の発揚と、尖閣諸島と南シナ海で、日本やベトナムやフィリピンなどに心理的脅威を与えるためであろう。

英空母はネットオークションに

空母を保有することが財政的にいかに負担となるか、それを示しているのが、イギリス海軍である。

イギリス海軍は、満載排水量六万五〇〇〇トンの「クイーン・エリザベス級」の空母を二隻建造することを予定していたが、二〇一〇年一〇月、一隻を断念すると発表した。財政赤字の削減で国防予算も圧縮されたからである。

空母の建造費が約二〇億ポンド（約三四〇〇億円）なのに対して、ステルス機であり、垂直離着陸も可能な艦載機F‐35Bの価格が一億ポンドに高騰したから、といわれている。

艦載機が一機一億ポンド、日本円で一七〇億円だと、よしんば五〇機装備すると、一兆円近くになってしまう。するとイギリス規模の国家予算では、新たに二隻の空母を保有するのは難しいであろう。そのため、一隻のみが二〇一五年ころに就役する予定だ。

しかも、イギリス海軍が二隻目の空母を断念したと発表したころ、なんと空母がネットオークションに売り出されたという情報がインターネット上を駆け巡った。売りに出されたのは軽空母「インヴィンシブル」だという。

「インヴィンシブル」は満載排水量二万五〇〇〇トン、全長二一〇メートル、全幅三六メートル、最大速力二八ノット。一九八〇年の完成から二〇〇五年に退役するまで、フォークランド紛争やイラク戦争などに参加した。

この空母売り出しが事実であるとすれば、イギリス政府が財政赤字を減らそうという必死の試みが窺《うかが》える。そして、空母を時代遅れの兵器とみなしている可能性も高い。

だとすれば、一〇〇兆円もの「広義の国防費」に踏みつぶされる中国経済は、果たして複数の空母を持つだけの余力を残すことができるのだろうか――。

不可能であるというしかない。

南シナ海の衝突でASEANは

そのような状況下、ついに中国の大型監視船がベトナムの警備艇に体当たりを敢行し、かつ高圧放水銃による攻撃をおこなうという事件が起きた。ベトナム政府が二〇一四年五月七日に発表したのだ。

それに先立つ五月三日、中国海事局は、南シナ海の西沙諸島周辺で海底資源の掘削作業を始めると、ベトナム側に伝えた。当然ながらベトナムは、約三〇隻の艦船、すなわち海上警察や企業監視部隊の船を、現場海域に派遣した。

このときのベトナム政府の発表では、中国は、少なくとも七隻の軍艦を含む合計八二隻の艦船をベトナム沖に派遣し、掘削作業を強行したという。

この石油採掘作業を阻止しようとしたベトナムの警備艇に、中国の大型監視船が体当たりした。窓ガラスが割れ、複数のベトナム人乗務員が負傷したとされる。

しかし中国側は、高圧放水銃の使用は認めたが、現場の安全保護を強化するための最低限の措置だと主張している。

同日、中国外務省の華春瑩《かしゅんえい》副報道局長は、南シナ海の南沙諸島で、中国国民の乗った漁船がフィリピンの海上警察に拿捕《だほ》されたことを明らかにした。すぐに中国は、海警局の船を、現場海域に派遣した。

この漁船からは、捕獲が禁止されている五〇〇匹ものウミガメが発見されたという……。

そして、ベトナムの漁船が中国船の体当りで沈められる事件までもが発生した。幸い、船員は全員無事であったが。

このように中国が南シナ海で強硬な行動をとっているのは、そうしなければ、習政権が国内を抑え切れないからだとされる。しかし中国は、こうした行動で国際的な批判を浴びた。

特に東南アジア諸国連合（ＡＳＥＡＮ）は、二〇一四年五月一〇日に開催した外相会議で、南シナ海で緊張が高まっていることに「深い懸念を表明し、平和的な方法での解決を求める」という共同声明を発表した。

そして翌一一日には、ミャンマーの首都ネピドーで首脳会議を開催し、すべての関係国に自制を求め、武力に訴えずに平和的解決を求めるとする「ネピドー宣言」を採択した。

この宣言では、領有権を巡る紛争を解決するために、法的拘束力のある「行動規範」を早期に策定すべく中国との協議を継続し、法に基づいた平和的な解決を目指すことの重要性が謳《うた》われている。

このように、中国が武力によって領有権などを強引に主張し、実際の行動に出れば、ますます国際的な批判を浴びることになる。それでも「核心的利益」を守るためであれば、それを止めることはないかもしれない。しかも政権維持のためであれば……。

日本などでも武器輸出が容認され、集団的自衛権を行使できるように憲法解釈を変えようとする動きが出ているのは、安倍政権の右翼的な政治姿勢もさることながら、こうした中国の行動がそうさせているのだ。

世界の防衛産業の一割は日本に

そのため安倍首相は、「わが国を取り巻く安全保障環境がいっそう厳しさを増している」と表明し、二〇一三年度予算で、一一年ぶりに前年を上回る防衛費を計上、二〇一四年度予算も増額した。しかも、武器輸出を事実上解禁し、解釈改憲による集団的自衛権の行使などに突き進んでいる。

二〇一四年四月一日の閣議では、武器や関連技術の海外への提供を原則禁止してきた武器輸出三原則を四七年ぶりに全面的に見直して、輸出を容認する「防衛装備移転三原則」を決定した。

日本の防衛産業の市場規模は、一兆六〇〇〇億円程度であるが、全世界の規模は四〇兆円以上……武器輸出が解禁されたことで防衛産業の輸出が拡大し、武器などの国際共同開発にも参加することができる。

たしかに日本の防衛産業は、防衛省からの受注に依存してきたし、制服組を中心に、防衛省からの天下りも多数受け入れてきた。国際競争力を高めることは、こうした旧態依然たる現状を変えるのに役立つはずだ。

しかも、日本の防衛企業が世界の防衛需要の一割を獲得できれば、実に年間四兆円もの輸出となる。これは、国内総生産（GDP）の一％近くにもなる金額だ。こうして輸出が増えるので貿易赤字が減少し、GDPの成長にも大いに寄与する。

実際、すでにオーストラリアが日本の潜水艦に、インドが救難飛行艇に興味を示しており、フランスとは無人システムの開発で政府間協議に入っている。

軍拡路線に突き進む中国は、日本の対外姿勢を変え（戦前の軍国主義に戻るはずはないが）、結果的に兵器の輸出による経済成長を促している、そういうことかもしれない。

第六章　暴走する中国人民銀行

発行中止が相次ぐ社債の背景

二〇一四年に入り、高利回りをうたった理財商品の債務不履行（デフォルト）が懸念されるなか、中国企業が相次いで社債やコマーシャルペーパー（CP）の発行を見送るようになってきた。

建設・不動産の江蘇《こうそ》中南建築産業集団は、二〇一四年一月に、投資家の需要が不足していることを理由にしてCPの発行を中止した。中国でプラスチック製品を生産する浙江《せっこう》大東南集団も、二月に、予定していた四億元のCPの発行を延期すると発表した。

投資家の需要が減っているのは、シャドーバンキングの象徴的な存在である理財商品のデフォルト懸念が高まってきているからである。

信用リスクが高まってきているので、金利が上昇し、企業が社債を発行するにも、高い金利を支払わないと資金の調達ができなくなっているのだ。

そのため、ダブルAという高格付けの社債と国債との利回り格差が、二〇一三年中頃の二・九%から、三・九%まで広がってきている。事態はまさに、危機的である。

中国の資産バブルの終焉

そうしたなか二〇一四年二月二四日、中国準大手銀行である興業銀行が不動産向け一部貸し出しを停止したとの情報がマーケットに流れると、不動産株が急落した。

同行が貸し出しを停止したのは、一般的な担保融資より経営破綻時の弁済順位が低い劣後債や劣後ローンである。これらは銀行にとって、一般的な融資より高い利回りが得られるものの、リスクが高いという特徴がある。株式と融資の中間的な金融商品なので、メザニン(中二階)融資とも呼ばれている。

同行は、「すべての不動産会社向けメザニン融資の手続きを全行で停止する」と行内に通知した。それは、経済が下向きの状況下で、リスクが急激に高まっており、いったん問題が発生すると処理が難しくなるからだ、という。

興業銀行は、国内で七番目の規模の銀行であるが、四大国有銀行と比べて弱い顧客基盤を補完するために、不動産向け融資に積極的であった。

こうした経営基盤の弱い中規模銀行から、不動産融資が停止され、融資の回収がおこなわれると、住宅価格が下落していくことになる。したがって、大規模な銀行は、おそらく住宅バブルを崩壊させないように、融資を続けていくことになるのであろう。

ただこうして、長期にわたる中国の住宅をはじめとする資産バブルは、ここに終焉《しゅうえん》したのである。

中国経済の「終わりの始まり」

住宅バブルが終焉したことで、理財商品や信託商品など高利回り商品のデフォルトの懸念が高まる兆《きざ》しを見せている。

シャドーバンキングを通じて投資された理財商品などの金融商品の規模は、国内総生産（GDP）の、おおよそ半分と見積もられてきた。だが実際には、GDPに匹敵するともいわれる。GDPが約一〇〇〇兆円なので、半分だとしても五〇〇兆円、その半分が損失であるとすれば、二五〇兆円ということになる……。

二〇一四年一月には、中誠信託（北京市）が中国工商銀行を通じて販売していた理財商品（誠至金開一号、三〇億元）がデフォルトしかかり、地方政府の意向を受けたと見られる第三者が、この理財商品を買い取ったとされる。

また二〇一四年三月には、中国の太陽光パネル大手の上海超日太陽能科技（上海市）が社債の利払いができず、中国での公募普通社債市場ではじめてデフォルトが発生した。これこそ、中国経済の「終わりの始まり」である――。

いまは資産（住宅）バブルがほぼ終焉したと見られるので、もしも崩壊がはじまれば、中国経済は壊滅的な打撃を受ける。そうすれば、中国政府や地方政府は統治機能を完全に喪失し、統一国家が分裂しかねない。

もちろん中国経済が崩壊するだけでなく、日米欧の中央銀行が全面出動してかろうじて支えている世界経済が、リーマン・ショックはもちろん、一九二九年世界恐慌をしのぐほど、大きな打撃を受けるかもしれない。

PM2.5は米軍のレーダー対策か

一方、中国の環境破壊や大気汚染は、ますます深刻の度を深めてきている。とりわけ北京周辺では、深刻な大気汚染に見舞われている。北京などの大都市に住むのは命がけとなっている、ということだ。

独自に大気汚染を調査している北京のアメリカ大使館では、滞在を拒否してアメリカに帰ってしまった外交官がいるとも聞く。公表された大気汚染のレベルではない、ということなのであろう。

上海市の在留邦人も、二〇一四年五月、ついに五万人を割り込んで、一三年一〇月の五万一四〇〇人から四万七七〇〇人へと減少。日本人学校の生徒数も、前年度に比べ約一割減少した。

また、先述の通り環境破壊でがん患者も激増しており、もはや国民の健康だけでなく、生命も脅かされている。国家は、国民の生命・健康・財産と自由を守るために国民と契約している——それが近代市民社会の国家概念であるにもかかわらず、である。

中国政府は、国民との契約を履行《りこう》するため、抜本的な環境対策をとらなければならない。しかしながら、現状では、それはなかなか難しい。そのため、中国各地で、さまざまな抗議行動が頻発している。

こうしたなか、びっくり仰天《ぎょうてん》するような発言が飛び出した。

中国国防大学教授で海軍少将である張 召 忠《ちょうしょうちゅう》が、国営の中央テレビ局に出演し、なんと、微小粒子状物質（PM2.5）を含んだ濃霧はアメリカ軍のレーダー兵器を防ぐための「最も良い防御法だ」と述べたのである。

張は、中国の新聞やテレビで頻繁に取材を受ける軍事専門家だ。にわかに信じがたいが、本当にそんなことを考えているのであろうか。さすがにネット上では、「人として、基本的な是非の判断もできない」「肺がんは、われわれが国防に果たす最大の貢献なのか」という批判が出ている。何をかいわんや、である。

ドイツが拒否した中国の申し出

また中国は、日本は第二次世界大戦での侵略戦争を反省しない国だ、というキャンペーンを張って、日本包囲網を構築しようとしている（ただ、あまり成功していないが）。

というのも、中国が経済統合の進むＡＳＥＡＮなどアジア諸国で経済的イニシアティブをとることができれば、たとえ軍拡による経済成長促進策をとっても、かつてのソ連のように経済と国家が崩壊することはないからだ。

日本とアメリカを「仮想敵国」にして、中国がもっぱら軍事技術と軍事産業を担い、たとえばＡＳＥＡＮ諸国が消費財をはじめとする製造業を担当すれば、中国は第二次世界大戦後のアメリカのように生き延びることができるかもしれない。

中国・ＡＳＥＡＮ経済共同体が構築され、中国元が「基軸通貨」の役割を果たすことができれば、中国は住宅バブル崩壊からソフトランディングをしながら、個人消費を拡大するかたちで、七・五％程度の安定成長を続けるということも不可能ではない。

しかし、これが難問なのである。

日本の右傾化を利用して、アジアから日本を排除しようという中国の戦略が成功するのは、それほど簡単なことではない。というのも、日本国内では、民主主義を信奉するリベラル・良識派が多数を占めているからだ。

国際世論も、必ずしも中国の戦略に賛同していない。いや、むしろ真逆である。

ロイターは、中国政府が二〇一四年三月に予定していた習近平国家主席のドイツ訪問で、ユダヤ人大量虐殺（ホロコースト）記念施設を視察したいとドイツ政府に打診した事実を伝えた。中国は、「ナチスの歴史を深く反省し罪を認めたドイツ」と「軍国主義と侵略の歴史を反省しない日本の指導者」の違いを浮かび上がらせ、日本への国際的圧力を強めたいと考えていたからであろう。

しかしロイターによれば、習近平の提案を、ドイツは即座に断ったという。そのため中国側は、同じベルリンにある戦没者などの中央追悼所の視察を希望したという。

ドイツ側が拒否したのは、日中の対立に巻き込まれることを嫌ったこともあるが、現在の世界で紛争を巻き起こす張本人に利用されたくない、という気持ちが強く働いたのであろう。

それもそのはずで、イギリス放送協会（ＢＢＣ）が調査している「世界に良い影響を与えている国」ランキングで、日本は、二〇一二年など、何度も一位を獲得している。民主主義という価値観を共有している国々では、中国の勝手な思惑は通用しないのである。

高度成長終息後の日中の違い

高度経済成長が終息したので、本来であれば、中国は過剰な固定資本を整理し、個人消費を拡大するかたちでの安定成長を実現していかなければならない。

しかしながら、資産（住宅）バブルによる経済成長が終わった中国は、そのような道を採るのではなく、次の経済成長を、軍備の増強すなわち軍拡によって実現しようとしている。それは資産バブルの崩壊を押し止め、ソフトランディングさせるためでもある。

これは、日本の高度経済成長が終結した際、個人消費の拡大と福祉の充実による経済成長を図るのではなく、欧米諸国に外需を、公共投資に内需を求めたのと対比することができる。

当時の日本は、日米安全保障条約のおかげでアメリカの核の傘の下にあり、軍拡に進む必要がなかったので、輸出企業の国際競争力を高め、輸出主導の経済成長が可能であった。ところが中国は体制移行の罠《わな》に陥り、経済・産業構造の抜本的な改革が難しいので、これからも、いままでの膨大な固定資本投資に加えて、軍拡による経済成長の道を突き進むしかない。

たとえば固定資本投資では、中国が「国策」として進めるオーストラリア西部の鉄鉱石鉱山の開発事業に対する投資額がすでに一兆円を超え、さらに拡大していく見通しである。これは、開発を手がける中国政府系の大型複合企業である中信泰富（ＣＩＴＩＣパシフィック）の張極井《ちょうきょくせい》総裁が明らかにした。

二〇一三年末までの投資額は九九億ドル（約一兆円）であるが、六つある生産ラインのうち四つが未完成であり、投資額はさらに増えるともいう。

この事業は「中澳鉄鉱項目」と呼ばれ、世界一の鉄鋼生産国となった中国が外国で資源確保に奔走《ほんそう》していた二〇〇六年にスタート。権益拡大を狙って、当初は四二億ドルを投資し、二〇一〇年に生産を開始する計画であったが、一三年一二月に部分的な出荷をおこなうにとどまっている。

こうして小規模ながらも生産を始めたので、減価償却費を計上しなければならなくなった。結果、二〇一三年一二月期の鉄鉱石開発事業の最終赤字は、一六億一九〇〇万香港ドル（約二一〇億円）と、前期の倍に膨れ上がっている。

中国版の整理回収機構は有効か

ところで、理財商品の債務不履行（デフォルト）の懸念が出てくるようになった震源地は、地方の民営採炭会社である。

中国の高度経済成長期に、民営の採炭業者は、設備投資などのために巨額の資金を必要としていたが、国有銀行などの銀行が融資をおこなわなかった。そのため、理財商品に集まった大量の資金が、民営の採炭業者に流入していったのだ。

ところが高度経済成長が終息すると景気が減速し、発電や鉄鋼生産のための石炭需要が落ち込んだ。ＰＭ2.5の発生源でもあり、環境規制が強化され、中国企業のなかでも特に業績が悪化している。

理財商品によって集められた資金は、住宅市場や民営の採炭業者などに大量に流入した。資産（住宅）バブルの崩壊によって、理財商品が大量にデフォルトすることは、なんとしても回避しなければならない。

その際、一九九九年に国有銀行の不良債権処理の受け皿として設立された資産管理公司（ＡＭＣ）の活用が考えられる。

一九八〇年代から、歳入基盤の弱い地方政府が資金調達のために設立した広東国際信託投資公司（ＧＩＴＩＣ）が、一九九八年に破綻した。このＧＩＴＩＣ破綻後の一九九九年、世界貿易機関（ＷＴＯ）への加盟に向けて四大国有銀行の改革をおこなっていた中国は、国際競争力を強化するため、それぞれ一つずつ、計四つのＡＭＣを設立した。

そして、そこに一兆四〇〇〇億元の不良債権が移管され、回収がはかられたのだ。

ＡＭＣの資金源は、資本金と金融市場での金融債の発行である。四大銀行はＡＭＣ債券を保有しているが、その後の資産バブルで、この債券は優良債券になった。

そのＡＭＣは、現在では、証券、保険、リースなどの金融取引をおこなう総合金融サービス会社に脱皮しつつある。この中国版の整理回収機構ともいえるＡＭＣが、信託商品や理財商品を買い取るという方法が考えられる。

たとえば、信託商品を買い取るファンドにＡＭＣが出資する、あるいはＡＭＣが信託会社の株を買い取る、また信託会社がその資金で販売した信託商品の償還をおこなう、さらにＡＭＣが信託商品で資金調達した不動産開発業者などに直接融資することも考えられる。

これは実際、有力な方法として検討されているようである。

しかしながら本来、ＡＭＣは四大国有銀行の不良債権処理という国策に沿ったもの。しかも、その後の資産バブルもあり、きれいに不良債権が処理できた。ところが今回は、引き受けなければならない不良債権が膨大なものであるとともに、資産バブルが崩壊しつつあるので、前回のようにうまくいくとは考えづらい……。

理財商品はどうなる？

住宅バブルが終焉したものの、崩壊させることは許されない。それこそ、中国経済が崩壊してしまうからである。したがって、政府の規制緩和や中国人民銀行の金融緩和など、ありとあらゆる政策が投入されることになる。

日本の不動産バブルは、日本銀行の金融引き締めがおこなわれ、政府が銀行による不動産への融資規制をおこなったことで崩壊した。この教訓から、住宅市場への大量の資金供給源となっている理財商品などのデフォルトは、なんとしても回避しなければならない。

最悪でも、地方政府、銀行、投資家などによる損失の分担がおこなわれるべきなのだが、そのため、政府や銀行の保有する外国資産を売却して資金を調達し、損失を負担することも考えられる。

具体的には、中国が大量に保有しているアメリカ国債を売却することもある。事実、中国は二〇一三年一二月末で一兆二六八九億ドルのアメリカ国債を保有しているが、前月から四七八億ドル（約四・八兆円）も減少している。これが損失の負担に充《あ》てられたのだろうか。

しかしながら、もしも中国がアメリカ国債を大量に売却すれば価格は下落し、アメリカの長期金利が暴騰《ぼうとう》してしまうので、できることではない。なぜなら、中国が大損するばかりか、世界経済が大混乱に陥ってしまうからだ。

ここで重要なことは、理財商品は、アメリカの住宅ローン担保証券（ＭＢＳ）と似たような金融商品だということである。

アメリカでは、ＭＢＳを中央銀行である連邦準備制度理事会（ＦＲＢ）が大規模に購入して、住宅市場を下支えしている。中央銀行のマネーでＭＢＳを購入すれば、住宅ローン金利が低下するとともに、不動産売却資金が還流するので、ただちに再投資できる。

中国でも、理財商品や信託商品や社債などの金融商品は、重要度やリスクに応じてランク付けされていることであろう。そのため、次の三通りの方法が選択されるはずだ。

ひとつ目は、デフォルトさせても経済や金融市場に対して被害を与えない金融商品は、躊躇《ちゅうちょ》なくデフォルトさせる。これは、すべて救済されるものとして、何も考えずに投資する投資家の「モラルハザード（倫理の欠如）」を防止するのにおおいに役に立つ。

ふたつ目は、デフォルトさせたら経済や金融市場に対して多少被害を与える金融商品は、地方政府、銀行、投資家などで損失を分担する方法。

三つ目は、デフォルトさせたら経済や金融市場に対して深刻な影響を与える金融商品は、たとえば銀行が買い取って、それを中央銀行である中国人民銀行が引き取るという方法。

これは、現在、アメリカの中央銀行ＦＲＢがおこなっている方法である。銀行から中央銀行が買い取るので、これは非伝統的ではあるが、かろうじて金融政策の範疇《はんちゅう》に入る。おかげでアメリカでは、住宅市場が崩落せず、いまのところ景気も好調で株価も高い。

したがって、中国人民銀行が理財商品や信託商品や社債などの金融商品を買い取れば、中国の資産バブルが崩壊することがないので、そのかぎりでは中国経済も崩壊しないだろう。

だが、その先には、地獄が待っている……。

農民と労働者と中流層が合流して

ここまで述べてきたように、資産（住宅）バブルの崩壊と理財商品や信託商品や社債などのデフォルトを阻止することは、現在の中国の政治・経済体制を維持するうえで絶対不可欠の至上命令となっている。もしも崩壊を阻止できなければ、大きな被害を受けるのは、庶民ではなく、中流層（中間層）であるからだ。

中国では、デモや政府庁舎前での座り込みなどは珍しいものではなく、年間一〇万件以上発生している。日常茶飯事《にちじょうさはんじ》である。

だが、その多くは、農地を安値で取り上げられた零細農民や給与の未払いなどに抗議する工場労働者や建設作業員など。これは、社会の底辺に置かれた声なき人々の政府への反発であって、武装警察による鎮圧《ちんあつ》、あるいは最低賃金の保障や農産物の政府買い入れ価格の引き上げなど、アメとムチで抑えることができる。

ところが、理財商品のデフォルト懸念などで政府に対しデモをおこなうのは、まったく異なる人々なのだ――。

すなわち、国有企業、政府機関、外資系企業などに勤めるホワイトカラー、ビジネスで成功した個人経営者、医者、教師など、資産運用をおこなうことができる財産を持っている人々である。中国社会科学院が二〇一〇年に公表したこの中流層（中間層）は、人口の二三%、約三億人である。

胡錦濤前政権は、政府による中流層の経済的な底上げをおこなった。それは、近代市民社会では中流層が反政府の主要勢力になりかねないので、既得権者にして、政治の安定をはかるのが狙いだった。

しかしこの中流層の資産は、投資した理財商品などを通じて、無計画なゴーストタウンの開発などに乱用された。そのうちかなりの部分が官僚や政治家に流れ込んでいることを、中流層は知っている。理財商品などのデフォルトは、自らの投資の失敗ということもさることながら、国家をあげた「詐欺」であることも知っている。

もしも、農民や工場労働者に蔓延《まんえん》する政府不信と現状への不満に、この中流層の反発が合流すれば、中国の国家と経済は、崩壊するであろう……。

だから、理財商品などのデフォルトは、なんとしても回避しなければならないのである。

国防・治安維持で成長率アップ？

資産（住宅）バブルが終焉しているなかで、中国経済の安定を確保し続けるためには、なんとか住宅価格を上昇基調にもっていかなければならない。下がらなければ損はしないが、上がらなければ儲けられない、すなわち中流層の不満が噴出するからである。

そのためには、ひとつ目には、公的資金による理財商品などの買い取りが絶対不可欠であり、ふたつ目には、年率七・五％という経済成長率の目標をなんとしても達成し続けなければならない。

だから、理財商品や社債などは、中国人民銀行が購入することになるであろう。これは、結果がどうなるかは別にして、それほど難しいことではない。先述のとおり、アメリカの中央銀行ＦＲＢがずっと実行してきたからである。

難問は、固定資本投資主導による高度経済成長が機能不全に陥るなかで、いかにして年率七・五％という経済成長率を達成し、持続させるかということ。中国政府は、一〇〇〇万人の雇用機会を生み出すには、七・二％の経済成長が必要と試算している。七％を下回ると、日米欧の感覚での「経済は成長していない」と同じことのようである。

さりとて、リーマン・ショック後におこなったような四兆元という景気対策を再びとることはできない。その帰結が資産（住宅）バブルと理財商品問題であったのだし、固定資本投資に過度に依存する経済成長だったからである。

しかし、安定的な経済成長を実現するために、抜本的な経済・産業構造改革を実行するのも、かなり難しい。個人消費をＧＤＰの三〇％あまりから、せめて日本なみの六〇％に引き上げるということも、同様に難しい。

すると、現状で唯一、選択可能な道は、軍備の増強、すなわち軍拡である。そして、軍拡に対して表立って反対する声は、中国国内には出ないと考えられる。

しかも、なんといっても、固定資本投資主導の経済成長によって発生した重化学工業の過剰設備——その「有効利用」には、軍拡が実に適合的なのだ。

固定資本投資主導の高度経済成長が終了じたので、二〇一二年末の設備稼働率は、なんと七五％以下。設備の四分の一以上もが遊んでいるのだ。まるで、軍拡に備えて固定資本投資主導の経済成長をしてきたのでは、と勘繰りたくなってしまうほどの失策である。

時あたかも、南シナ海問題、尖閣諸島をめぐる日中間の摩擦、アメリカのアジア太平洋への「リバランス」の動きなどが、中国周辺の安全の重大な憂いになっている（防衛省防衛研究所編「中国安全保障レポート　２０１３」）。

もちろん、こうした緊張を作り上げたのは、中国の拡張戦略そのものである。この日のために、着々と準備したわけでもないだろうが、国内での政治・経済の支配体制の崩壊を回避するために、対外拡張路線、そして軍拡に大転換しつつあるのだ。

また、対外拡張路線をとることによって、目を国内の矛盾から国外に向けさせることもできるし、そのために軍事技術開発と軍需産業のさらなる発展が不可欠であり、結果、軍需部門に経済成長を主導させる役割を与えることができる。

航空母艦を国産化し、四個の空母機動部隊を創設することなどは、対外拡張路線の象徴的な例であろう。

ただし先述のとおり、空母機動部隊を持つと、建造費だけでなく、その維持に天文学的経費がかかる。もちろん軍事費も、二〇兆円、三〇兆円と、さらに膨張していく。

中国の公表されている国内総生産（GDP）は一〇〇〇兆円ほどである。年間四〇兆〜五〇兆円くらいの国防費（国内を守る治安維持費を含む）を投入することで、単純化すれば、年率四〜五％の経済成長をオンすることはできる。したがって、年率七・五％の成長を続けるということも、さほど難しいことではない。

すると、戦後のアメリカのように、軍拡によって軍事技術開発が積極的におこなわれれば、シュンペーターのいうような「プロダクト・イノベーション」が進展する可能性も高い。そうすれば、イノベーションによる経済成長も可能となるかもしれない。

ただ、ここで問題となるのは、軍拡によって財政赤字が膨れ上がっていくということである。現在でも、約二一五〇兆円にも上る政府債務をかかえているのだ。

国債を発行して莫大な資金を調達することになるが、財政赤字がさらに膨れ上がり、いずれ長期金利が上昇し、財政破綻する。それを回避するためには、国債の購入者としての中央銀行が前面に出てくるようになるだろう。

そう、中央銀行による財政ファイナンスである。

軍拡経済に復帰したアメリカは

ここからしばらく、日米欧の経済政策をふり返ってみたい。

第二次世界大戦後、アメリカが最先端の軍事技術と軍需産業を、日本とドイツが最新鋭の重化学工業と消費財産業を担うという国際分業体制のもと、資本主義諸国は高度経済成長を遂げてきた。しかし、さしもの経済成長も、一九七〇年代に終わりを迎えた。

そこでヨーロッパは、欧州連合（ＥＵ）という地域統合を進めて、マーケットを拡大することで経済成長を続けようとした。これは、軍需産業はともかく、重化学工業や消費財産業という実体経済が経済成長を主導するという、それなりにまっとうなものであった。

ところが日本は、一九七〇年代初頭に高度経済成長が終結すると、経済成長は停止した。本来であれば、内需拡大による経済成長を模索しなければならなかったが、その選択肢はなかった。賃上げや労働条件の改善、福祉の充実なども考えられなかった。そして結局は、資産（不動産）バブルという、金融セクター主導による歪《いびつ》な経済成長がおこなわれた。

その帰結は、資産バブルの崩壊による長期不況——われわれが「平成大不況」と呼ぶものだ。こうして日本は、深刻なデフレに襲われたが、いまだに完全には克服できていない。

一方、国際競争力を有するまともな製造業のなかったアメリカでは、日本に一〇年あまり遅れて資産（株式）バブルが発生し、好景気を謳歌《おうか》した。しかしそれも、二〇〇〇年代に突入すると崩壊した。

日本の執拗《しつよう》なバブルつぶしが「平成大不況」の根本的要因だという教訓から、アメリカでは、株式バブルが崩壊すると、ただちに中央銀行ＦＲＢが大規模な金融緩和を、政府は財政出動をおこなった。

こうして資産バブル崩壊をなんとか食い止めたアメリカは、経済成長を持続させるためには、軍拡経済に突き進むしかないと判断したことであろう。

歴史の偶然か、はたまた必然か、知る術《すべ》はないが、アメリカは二〇〇一年に同時多発テロ攻撃を受けた――冷戦の終結で青息吐息《あおいきといき》であった軍事産業が、「対テロ戦争」と称する二〇〇三年のイラク侵攻のおかげで息を吹き返したのである。

ここでアメリカは軍拡経済に復帰したことになるが、そのまま行けば、アメリカ経済は確実に崩壊することになるはずだった。そこでアメリカは、次の経済成長政策として、株式バブルに続く第二弾の資産（住宅）バブルを演出した。

それが史上空前の資産（住宅）バブル景気である。もちろん税収も増加したが、イラクでの戦費が膨れ上がっていった。おかげで、株式バブルで稼いだ財政黒字は、あっという間に食いつぶされた。

そして、さしものアメリカの資産（住宅）バブルも、二〇〇七年の八月に崩壊したのだ。

世界的な株高の原因

続く二〇〇八年九月のリーマン・ショックによって世界経済・金融危機が勃発すると、アメリカ政府は膨大な財政出動をおこない、中央銀行FRBは、大規模な金融緩和と資金供給（QE）をおこなった。

こうして、とりあえず、経済・金融のパニック（恐慌状態）の爆発だけは抑えることができた。しかしながら、世界経済・金融危機は、実体経済の自律的な成長ができなくなったことにより勃発《ぼっぱつ》したので、この構造を抜本的に改革しなければならなかった。

——日本もアメリカもヨーロッパも、実は、広い意味での体制移行の罠に陥っていたのである。

その後も財政出動がおこなわれたが、自ずと限界があった。財政出動というのは、議会の承認が必要だからである。特に、国民が国家を信用していないアメリカでは、伝統的に「大きな政府」を嫌う傾向があるので、日本のような無分別な財政出動が許されない。成長が止まっているので、日本のように財政出動によって、需要（個人消費）を喚起しなければならないのであるが、そんなことはアメリカでは、そうそうできることではない。

そこで、景気が落ち込むと、中央銀行が資金供給をおこなうしかなくなったが、それを止めると、景気がまた落ち込んでいった。

そうしているうちに、バラク・オバマ大統領の民主党が一期目の中間選挙で敗退し、上下両院は「ねじれ状態」となり、財政出動が封じられてしまった。イラク侵攻の戦費と世界経済・金融危機対策での財政出動で、単年度の財政赤字一兆ドルという事態が、数年も続いたからである。

結局は、議会の承認とは無関係に動けるＦＲＢが大規模な資金供給をおこなうしか、道は残されていなかったのである。

ＦＲＢは、すでに国債と住宅ローン担保証券（ＭＢＳ）を購入してきていたが、二〇一二年九月からアメリカ国債を、一二月からＭＢＳを大量（合計毎月八五〇億ドル）に購入することを決定し、実行してきた。同じころ、欧州中央銀行（ＥＣＢ）が、ギリシャなど多額の債務をかかえた国の国債を、一定の条件のもとで無制限に購入するということを宣言した。
ここから、世界的な株高が始まったのだ。

アメリカ株バブル崩壊と中国経済

日本では、二〇一二年一二月に第二次安倍政権が誕生すると、日本銀行にすさまじい圧力をかけて金融緩和をおこなわせた。すると、一ドル＝八〇円の円高から、あっという間に一ドル一〇〇円までの円安に転換した。

おかげで、輸出大企業はボロ儲けし、日経平均株価も八〇〇〇円あまりから、あれよあれよという間に、一万五〇〇〇円あまりまで暴騰した。

一方、アメリカでは、先述のとおり、ＦＲＢが二〇一二年一二月から毎月八五〇億ドル（約八兆五〇〇〇億円）ものアメリカ国債とＭＢＳを購入してきたので、長期金利と住宅ローン金利が低下し、住宅市場と株式市場が活性化した。

こうして大量の国債売却資金が銀行に提供されたので、大規模な投機資金がアメリカの株式市場に流入、株価は、しばし史上最高値を更新した。さらに、投機資金は新興諸国にも流入し、しばらくは通貨高と株高を記録した。

このように、アメリカはじめ世界は、資本主義の現段階において、中央銀行（中銀）マネーによってしか実体経済が成長できなくなっている。ということは、中銀マネーの投入が絞り込まれると、実体経済の成長が止まる、ないしは後退するということを示している。

事実、二〇一三年五月にベン・バーナンキFRB議長（当時）がアメリカ国債とMBSの購入額を減らすと発言したとたん、世界の株価が下落した。さらに、新興諸国から大量の資金が引き揚げられ、通貨安も進んだ。

ところがその後、アメリカの景気と株価が堅調で雇用も改善しているということで、ついに二〇一四年一月から、アメリカ国債とMBSの毎月の購入額を五〇億ドルずつ減らすことになった。しかし、二〇一四年初頭の寒波などもあり雇用の拡大がおもわしくないなか、株価は堅調で、下落する気配が見られなかった。

中銀マネー投入額の減額で、実体経済が収縮しているのに、株価だけは史上最高値まで上昇するなどというのは、一九九〇年代末の第一次に続く、第二次株式バブルといわざるを得ない。この事実は、中銀マネーというのは、投入し過ぎれば、経済的な「麻薬」となってしまうということを白日のもとに晒《さら》している。

アメリカの第二次株式バブルもいずれ崩壊するが、いつ崩壊するかは、崩壊してみないとわからない。ただ確実なことは、崩壊すれば、世界経済に甚大《じんだい》な影響を与えるということである。そうなれば、最も大きな影響を受けるのは、もちろん中国経済だ——。

デフレに突入した中国の現状

その中国の消費者物価上昇率（総合）は、二〇〇八年に八％まで上昇したが、その後、低水準で安定している。

中国国家統計局が二〇一四年五月に発表した四月の消費者物価指数（ＣＰＩ）は、前年同月比で一・八％の上昇。物価の上昇幅は、一年半ぶりに二％を下回った。ＣＰＩ全体の三割を占める食品が、一月に対前年同月比で二・三％の上昇にとどまり、食品以外は一・六％の上昇に過ぎなかった。

食品価格の上昇率が鈍化しているのは、国家統計局によれば、習近平国家主席による倹約令もあって浪費が減り、需要も鈍ったからだといわれている。

ただ、食品をのぞく消費者物価上昇率が一・六％というのは、欧米諸国の感覚からすれば、すでにデフレに突入したということだ。日本のようにマイナスになると、なかなかデフレから逃れられないからこそ、欧米諸国はデフレ脱却に対して真剣に取り組んでいるのである。

中国の消費者物価指数が低いのは、景気が減速しているということと需給ギャップのマイナス（需要が供給力を下回る）によるものであるが、それは、生産者物価指数（ＰＰＩ）にも表れている。ＰＰＩは、一月に前年同月比で一・六％低下し、下落幅は三ヵ月ぶりに拡大した。

中国では、リーマン・ショック後にＰＰＩがマイナスに陥り、その後はプラスに転じたものの、二〇一二年からマイナスである。二三ヵ月連続で前年水準を上回るマイナスだ。

それは、企業の生産活動が鈍化していることによるものであるが、中国経済の事実上の減速は、二〇一二年から始まっていると見てもいいであろう。だからこそ中国政府は、なんとしても七・五％の経済成長を実現しなければならないのである。

ところが、消費者物価が安定しているのに、マネーサプライは決して低くはない……。

ソフトランディングは可能か

中国の消費者物価は、いまのところ落ち着きを見せている。それは、インフレが亢進した二〇一一年にその抑制が最優先課題とされ、中国人民銀行が引き締め政策をとったからだ。

ところが、経済成長の鈍化が懸念されると、二〇一一年の一二月、人民銀行は預金準備率の引き下げに踏み切ったのを契機に、二〇一二年の二月、五月と、たて続けに引き下げた。消費者物価が低下した二〇一二年六月と七月には、二ヵ月連続して、政策金利の引き下げもおこなった。

しかしながら、マネーサプライの伸び率はさほど低下していない。それは、貿易決済をよそおった外国からの資金流入、元高を回避するための為替介入などによるものである。

そのため、マネーサプライ（M２：流通現金や預金など）の伸び率は、二〇一三年の目標である一三％を上回っている。マネーサプライの伸び率は、前年同月比で二〇一三年一一月に一四・二％、一二月に一三・六％と高い伸びとなった。

このことからマーケットには過剰流動性が発生しており、余剰となった資金が新規の銀行貸し出しはいうにおよばず、理財商品や不動産投資などに向かっているものと考えられる。

そのため人民銀行は、資産バブルの抑え込みと崩壊の回避、中国経済のソフトランディングに全力を投入しているのだ。

資産バブルが激しくなる危険性

さて、銀行が資金のやりとりをする短期金融市場（銀行間市場）は、短期金融商品である理財商品の償還（元金の支払い）に必要な資金が不足したときに銀行が調達するマーケットとしても利用されている。

したがって、短期金利の指標である上海銀行間取引金利（SHIBOR）が上昇すれば、銀行が安易に資金を調達して理財商品の償還などに充てることができなくなるので、高利回りの理財商品の販売もできなくなる。つまり、資産バブルを抑制できる。

だが、それは両刃《もろは》の剣《つるぎ》でもある。もしも銀行が、銀行間市場で、発行した理財商品の償還資金の調達ができなくなれば、理財商品はデフォルトとなり、資産バブルが崩壊してしまうからだ。

とはいえ、マネーサプライの拡大を放置すれば、それこそ資産インフレや資産バブルがさらに激しくなってしまう。だから、中国人民銀行が、資産バブルを抑え込みながら、七・五％程度の安定成長を実現するためにおこなう金融政策というのは、かなり難しい。

というより事実上不可能である。それは、金融政策ではなく、経済政策でしか実行できないことであるからだ。

それでも、政府の下部機関である人民銀行は、困難な課題に取り組まざるをえない。

中国人民銀行は、投機や資産バブル対策として、二〇一三年六月に資金を吸収する公開市場操作（オペレーション）をおこなった。そうすると、短期金融市場金利が一三％台まで急騰してしまった。

その後、二〇一三年七月、中国はG20に合わせて銀行の貸出金利の下限規制を撤廃し、金融改革に取り組むことをアピールした。

さすがに、二〇一四年一月にアルゼンチン・ペソが急落すると、人民銀行は、マーケットに二五五〇億元（約四・二兆円）を供給した。しかしながら、シャドーバンキングの広がりもあり、マネーの膨張を抑えなければ、さらに資産バブルが激しくなる危険がある。

そこで人民銀行は、二〇一四年二月一八日に四八〇億元、二〇日に六〇〇億元と、資金を吸い上げるオペを立て続けに実施したのだ。

人民銀行の元安誘導の結末

しかし、資産バブルをおさえるには、人民銀行によるオペだけでは不十分である。外国からの投機資金の流入を牽制《けんせい》することが不可欠なのだ。

そのため人民銀行は、二〇一二年四月、人民元の対ドル変動幅を、それまでの一日あたり上下〇・五％から一％に拡大し、人民元の投機的取引を規制している。二〇一四年三月には、二%に拡大すると発表した。

人民元は、ゆるやかに高くなってきており、二〇一三年には、一年間に対ドルで三%ほど上昇したが、二〇一四年一月一四日に対ドル相場で過去最高値を付けたあと、下落基調を示している。

それは、二〇一三年一二月の中国製造業購買担当者景気指数が五〇・五と、二〇一三年七月以来の低水準になり、景況感が悪化し、石炭や鉄鉱石や銅価格が下落、理財商品のデフォルトリスクが高まったことによるものである。

二〇一四年一月に中国の輸出が前年同月比で一〇%あまり増加したが、これは輸出のかたちをとった外国からの投機資金の流入によるものだといわれている。すると、一ドル=六・〇四元あまりの過去最高値を付けた。元高が進むことで、輸出企業から不満が出るようになった。

そこで、元安基調を定着させるため、二〇一四年二月に中国人民銀行は、大量の人民元売り・米ドル買いをおこなったのではないかといわれている。

それによって、二〇一四年二月二八日には、対ドルで前日比〇・八五%安と、一日の下げ幅としては過去最大、一時は六・一八〇八元まで下落した。終値は六・一四五元で、過去最高値を付けた一月一四日と比べ、一・七％弱下落した。

人民銀行の為替介入は、輸出企業の収益拡大と元高を見込んだ投機資金の流入を牽制するためであるといわれている。もちろん、元安誘導が人民銀行の意向であれば、外国からの投機資金の流入を抑えることができるので、中国での資産バブルが激しくなることはない。資産バブルを管理し、ソフトランディングができるかもしれない。

しかしながら、人民銀行が過度にマーケットに介入すれば、短期金融市場が不安定になったり、外国の資金が流出する危険性が出たりしてしまう。

政府の命令下にある中央銀行

さて、本章の主題である中国人民銀行は、日米欧の中央銀行と制度的にかなり異なっている。一九四八年一二月に設立されたが、一九七九年までは、計画経済体制のもとで唯一の国家銀行として、貨幣の発行、信用・決済など、すべての金融機能を集中的に担っていた。

一九七九年以降は、農業銀行や、外国為替専門銀行である中国銀行などが切り離され、一九八三年の国務院決定、一九八六年の「中華人民共和国銀行管理暫行条例」の制定によって、中央銀行の機能だけを担うことになった。

一九九五年には、中国「人民銀行法」が制定された。二〇〇三年の法改正では、金融機関に対する監督機能が分離されることで、人民銀行はマクロ政策の立案・実施に特化することになった。

この中国人民銀行はまた、「人民銀行法」にもとづいて、日本の内閣に当たる国務院の構成組織として位置付けられており、国務院の指導のもと金融業務を遂行することが明確に規定されている。

したがって、中央銀行として、政治からの独立性が十分に確保されているとはいえない。実際、中国人民銀行は、国内総生産（GDP）拡大を目標とする政府の政策に沿うように、マネーサプライを増加する金融政策をとって、固定資本投資主導の経済成長を積極的に支援してきた。また、国有企業や不動産業者が経営不振に陥ると、拡張的金融政策によって救済してきた。

このように、中国人民銀行は国家の一機関に過ぎないし、政治からの独立性などとはまったく無縁であろう。ということは、国家の政策を遂行する実施機関となっているということである。

日米欧で、なぜ中央銀行の政治からの独立性が不可欠かといえば、中央銀行が唯一、マネーをつくり出すことができ、それを事実上、無限に供給できるから。しかし、政府の圧力で過大なマネーを供給すれば、インフレが亢進してしまう。

もちろん本来であれば、中央銀行は、銀行の所有する短期証券などを購入して銀行の口座に振り込むだけであって、中央銀行が自主的に、あるいは勝手に、マーケットのマネーを増やすことはできない。

アメリカでは、銀行の保有する国債だけでなく、民間の発行したMBSを銀行から購入しているが、それとても、購入資金は、銀行が中央銀行FRBに開設している口座に振り込まれるだけである。

しかしながら、MBSを中央銀行が購入してくれるということは、住宅ローンを証券化したMBSをどんどん組成しても、いくらでも消化されるということになり、極論すれば、中央銀行が間接的に住宅資金を供給していることになるのだ。

中間層の損失が人民銀行に移動

一方、中国では、GDPの半分、最悪のケースではGDPに匹敵するほどの理財商品などの金融商品が発行されているといわれる。最大では、なんと一〇〇〇兆円ということになる。

資産（住宅）バブルが終焉し、採炭業者バブルが崩壊し、基幹産業が膨大な過剰設備をかかえているという現状で、数百兆円にも上るといわれる理財商品などが焦《こ》げ付くことが懸念されるのだ。

デフォルトが懸念される理財商品などは、「地方政府が五〇％、販売する銀行が二五％、組成した信託銀行が二五％」をそれぞれ負担して、額面で買い取ってきたといわれている。「共産党の有力者が出資していれば償還は間違いない」という風説も、まことしやかに流布《るふ》された。

地方政府や銀行が損失を補塡《ほてん》せざるを得ないのは、理財商品が大規模にデフォルトすれば、中国は、経済的にはもちろん政治的にも崩壊しかねないからである。

ただ、ここで極めて深刻な問題は、理財商品の償還期間が極端に短いことだけでなく、天文学的な規模に達することである。したがって、体制の崩壊を阻止するために、ある時点において、中国人民銀行が買い取りせざるを得ないであろう。

特に、地方政府は、地方融資平台の債務保証を含めた大量の債務の償還期限が、二〇一六年に迫っている。

中国人民銀行が、アメリカの中央銀行FRBのように、理財商品や信託商品、あるいは社債を大規模に購入すれば、資産（住宅）バブルが崩壊することはないし、採炭業者や過剰設備をかかえた企業が倒産することもない。そうすれば、中国政府や地方政府は、資産バブルを招来したことの責任を完璧に免れることができる。

世界のどこの国でも、官僚や政治家というものは、責任をとりたがらないものである。これで、めでたしめでたし、というわけだ。

だが、それは、「我が亡きあとに洪水は来たれ」ということに過ぎない。

とりあえずは、住宅投機などに走った中流層（中間層）が、投機に失敗して巨額の損失をこうむることを回避することはできる。すると、中流層が政権に刃向かうこともないので、政権はこれからも安定する、というわけだ。

しかしながら、事の本質は、中流層がかかえていた投機の損失が、中流層から中央銀行である中国人民銀行に付け替えられる、すなわち転嫁されるだけのことである。

しかも、問題なのは、その規模が半端《はんぱ》ではないことだ……。

アメリカでは、FRBの資産規模がたかだか三兆ドル（約三〇〇兆円）あまり新たに増えただけである。ところが中国では、到底そんな規模ではおさまらないであろう。

外国投資家は買わない中国国債

公表された中国中央政府の債務残高のGDP比というのは、日本はともかく、欧米諸国と比べても極端に低い。しかし何度も述べたように、実際には、近々二五〇〇兆にも達するとされる。

ただ、日本のように政府債務残高のGDP(中国は約一〇〇〇兆円)比二四〇%まで債務を増やせるとすれば、公表値に従うと、なんと二〇〇〇兆円あまりも借金できることになる。

乱暴な議論をすると、国債発行によって、年間一〇〇兆円の軍拡をすれば、それだけで一〇%成長を二〇年間続けられるということである。中国の政治体制は、これから少なくとも二〇年間は安泰《あんたい》となるであろう。

もちろん、中国が二〇〇〇兆円の借金をすることは百パーセント不可能である。実際は既に、ほぼ同額の債務があるからだ。

また、中国では消費水準が低く、家計の貯蓄率が高いので、ある程度は国債の消化はできるであろうが、これだけの規模の国債をさばくことはできない。

貯蓄率が高いのは、一九九〇年代に社会保障制度が劣悪になり、老後の不安が高まってきたからである。これから貯蓄率が高まるとも考えられないので、個人や銀行に大量の国債を引き受けてもらうのは難しいであろう。

しかも、中国の政治的・経済的な現状からして、外国の投資家が中国国債を大量に購入することは、まずない。経済的な側面もさることながら、政治的なリスクが非常に高いからである。

そうであるとすれば、中国国内で新発国債が消化されなければならない。

もしも欧米諸国と政治的・経済的に同一条件にあるとすれば、通常は、国債発行残高の半分が外国人投資家に購入してもらえる。一〇〇〇兆円くらいの国債消化能力があると考えられるのだが、現実はそうなっていない。

しかも、中国では個人金融資産が極めて少なく、ＧＤＰに占める個人消費の比率も三〇％あまりと異常に低いので、新規に発行された国債が国内で大量に消化されるということは考えづらい。

――結果、もっぱら中国人民銀行が大量の新発国債を購入しなければならない。

そして、その人民銀行は、政府の指示を受けて国債の引き受けをおこなうので、政府は、いくらでも軍拡の資金を手に入れることができるのだ……。

人民元の信認低下でインフレ亢進

中国では、人民銀行が理財商品などの金融商品を大規模に購入することでデフォルトを回避し、住宅バブルの崩壊を阻止する、そうして中流層（中間層）の金融資産を擁護し、社会の安定を確保せざるを得なくなる。これは、もはや人民銀行にしかできないミッションである。

中国人民銀行が政府の発行する大量の国債を引き受けて、大量の財政資金を供給すれば、理論上は、アメリカの一〇隻の航空母艦を超えて二〇隻くらいの空母を実戦配備することもできる……。

問題は、このようなことが、未来永劫《えいごう》続くのか、ということである。

もちろん、そんなことはあり得ない。中央銀行のマネーが世の中にあふれ、通貨の価値が暴落し、誰もマネーを受け取らなくなるからだ。

こうして通貨価値が暴落し、人民元の信認が低下するということは、インフレが亢進するということだ。すると、長く続いてきた元高から、ついに元安に転換してしまう。

対ドルでの元高に対応するには、国内で印刷できる国内通貨、すなわち元を売ってドルを買えばいい。ところが、元安に対応するには、外貨準備のドルを売って中国元を買わなければならない。それは、外貨がなければできないオペレーション……つまり新興国は、自国通貨安に対応するのは困難ということなのである。

繰り返す。元安に対応するためには、外貨準備が必要なのだ。

日本が異次元緩和で円安誘導をおこなうと消費者物価が上がったように、元安になれば、中国でも消費者物価が上昇するのは火を見るより明らかだ——。

人民銀行が理財商品を買わないと

その中国では、二〇一四年三月に開催された全国人民代表大会で、預金保険制度を構築し、金融機関のリスクに対応することが明らかにされた。銀行制度の健全性を高めるために、預金保険制度の導入は、どうしても必要なことである。

理財商品などの償還がうまくいかなければ、銀行に莫大な損失が発生し、経営破綻する銀行も出かねない。そうすれば、預金者は、銀行に殺到（取り付けやバンクランといわれる）し、銀行は、預金の払い戻しができなくなる。

これが銀行恐慌である。

恐慌を阻止するためには、一九二九年の世界恐慌後にアメリカで導入された預金保険制度の整備が不可欠だ。この制度の設立でパニック的な取り付けを回避し、銀行恐慌を防止するのである。

さらに全人代では、金利の市場化（自由化）を進め、金融機関の金利自主決定権が拡大されることが明らかにされた。前述のように、貸出金利の下限規制は、すでに二〇一三年七月に撤廃されている。

加えて、二〇一四年三月に中国人民銀行の周小川《しゅうしょうせん》行長（総裁）は、全人代に合わせて開催された金融監督当局トップによる記者会見で、預金金利の自由化について、個人的な見解とことわったうえで、「一、二年で実現できる可能性が高い」と述べた。

金融界上層部によって、預金金利の上限撤廃についての時期が明確にされたのは、はじめてのことである。

同総裁は、「新しい金融商品が金利自由化を推進している」と述べ、銀行預金よりも利回りが高い個人向けの理財商品の増加が、金利自由化を急がせる背景にあるとの見解を示した。

中国では、現在、預金金利の上限は、人民銀行の定める基準金利の一・一倍であり、一年ものの定期預金金利は、最高三・三%に規制されている。そのため、理財商品は期間三ヵ月程度であるが、年五%以上の利回りのものも多いので、そこに大量の資金が流入してきた。

ただ、銀行を経由する資金の流れではないので、金融監督当局は、理財商品の実態を把握できておらず、そもそも、どれくらいの規模なのかも明らかではない。

もしも同総裁の発言どおりだとすれば、遅くとも二〇一六年までに銀行預金金利が自由化されることになる。しかし、既に社債のデフォルトが始まり、理財商品のデフォルト・リスクも高まるなか、金利の自由化などをおこなったら、金融恐慌が勃発《ぼっぱつ》してしまうことは必《ひつ》定《じょう》である。

銀行が預金金利を、たとえば五%とか六%とか七%にしたら、たしかに資金は、理財商品などから預金に大量に移動するであろう。だが、ここで、ふたつの深刻な事態が発生する。

まず、二〇一六年までに理財商品などに投資する人がいなくなる、ということ。理財商品の期間は短いので、あっという間に資金が預金に移動するであろう。それを狙って、預金金利の自由化をしようということなのであろうが。

すると、二〇一六年までに、中国人民銀行が理財商品の買い取りをしなければならなくなる。そうしないと、理財商品のデフォルトが激増してしまうからだ。

もうひとつは、高度経済成長が終了した中国で、高金利を付して預金を集めた銀行が、それ以上の金利で運用することは至難の業《わざ》だ、ということ。資産バブル末期の日本のように、そうなればリスクの高い運用をするので、金融機関の経営の健全性が損なわれ、金融恐慌が勃発してしまうことになる。

いずれにしろ、軍拡でしか経済の巡航速度を保つことのできない中国では、中国人民銀行が理財商品などの金融商品を買い取るしか道はない。その結果、必然的に増える通貨供給量を受け、激烈なインフレが起こる。

すると、庶民の生活は一層困難を極め、人民の生活水準を上げることだけによって正当性を得ている共産党一党独裁政治は、音を立てて瓦解《がかい》する。

――軍事力は、まちがいなく、中国経済を殺すのだ。

あとがき——インフレの大津波が襲う二〇一七年

中国が現体制を維持しようとすれば、「核心的利益」とする台湾や新疆ウイグル自治区、あるいはチベット自治区はもちろん、尖閣諸島や南シナ海の南沙・西沙・中沙諸島を死守しなければならない。中国に刃向かう国家や勢力に奪われてはならないのである。

国内での抗議行動も激化し、こうして「広義の国防費」は、ますます膨れ上がっていく。その額は年間約一〇〇兆円にも上り、今後ますます膨れ上がることは確実である。

というのも、それがなければ、中国は国家として崩壊してしまうからだ。そして、一三億を超える人口をかかえる中国は、たまたま共産党という名前を冠した独裁者が束ねているだけであるからだ。

つまり、「核心的利益」を損なうような政策をとったとたんに体制が崩壊し、中華人民共和国という「統一国家」が砕け散ってしまうのである。

一方、周辺国のインドは軍事力を強化し、日本はアメリカとの同盟関係を強化、さらに、アメリカと手を切ったとたんに自国の島を中国に実効支配されたフィリピンは、再びアメリカとの同盟関係を復活させている。またTPP（環太平洋戦略的経済連携協定）は、実は過激な行動に出る中国への、軍事的包囲網としての側面も持つのである。

周辺を見渡してみると、クリミア・ウクライナ問題で窮地に陥っているロシアだけが中国との関係を強化しようとしている。天然ガスなどを買ってほしいのはわかるが、中露国境では、中国側の人口がロシア側より一〇倍以上多い。ロシアも、中国と緊密になりすぎると自国の領土が中国人だらけになることを充分理解している。

そう、いまや中国は、四面楚歌《しめんそか》ならぬ、「三面半」楚歌の状況、なのである。

そして、その中国は、高度経済成長ができなくなったいま、経済成長促進策としての軍拡に走るしかない……。

この軍拡を後押しするのは中国人民銀行——政府と一体となって膨大な元を刷る……結果、国民経済は惨憺《さんたん》たる状況に陥り、中国という国家も崩壊する。

インフレの大津波で中国経済が崩壊する日、それはほぼまちがいなく、二〇一七年になる。

相沢幸悦《あいざわこうえつ》

相沢幸悦

1950年、秋田県に生まれる。埼玉学園大学経済経営学部教授。経済学博士。1978年、法政大学経済学部卒業。1986年、慶應義塾大学大学院経済学研究科博士課程修了。日本証券経済研究所主任研究員、長崎大学経済学部教授、埼玉大学経済学部教授を歴任。著書には、『アメリカ依存経済からの脱却』(NHKブックス)、『品位ある資本主義』(平凡社新書)、『反市場原理主義の経済学』(日本評論社)、『所得税0《ゼロ》で消費税「増税」が止まる世界では常識の経済学』『GNP大国になる日本』(以上、講談社)などがある。

講談社+α《プラスアルファ》新書 565-2 C

軍《ぐん》事《じ》力《りょく》が中国《ちゅうごく》経《けい》済《ざい》を殺《ころ》す

相沢《あいざわ》幸悦《こうえつ》

2014年7月22日第1刷発行
2014年8月18日第2刷発行

発行者——— 鈴木 哲

発行所——— 株式会社 講談社
東京都文京区音羽2-12-21 〒112-8001
電話 出版部(03)5395-3532
販売部(03)5395-5817
業務部(03)5395-3615

カバー写真——— 共同通信社

デザイン——— 鈴木成一デザイン室

本文データ制作——— 朝日メディアインターナショナル株式会社

カバー印刷——— 共同印刷株式会社

印刷——— 慶昌堂印刷株式会社

製本——— 株式会社若林製本工場

ISBN978-4-06-272861-4